Germanische Spiele

REGIONALIA
VERLAG

Bildnachweis:
S. 6 ©GChristo, S. 10 ©Feenstaub, S. 13 ©RockYourWeb.de, S. 14 ©Feenstaub, S. 17 ©mrvayn, S. 18 ©Nejron Photo, S. 22 ©sergeyklopotov, S. 24 ©coz1421, S. 26 ©alialanda, S. 28 ©Feenstaub, S. 30 ©Feenstaub, S. 43 ©Feenstaub, S. 54 ©ivan mogilevchik, S. 59 ©M. Schuppich, S. 61 ©nikhg, S. 79 ©goldencow_images, S. 81 ©emeraldphoto, S. 82 ©nikhg, S. 91 ©berdsigns, S. 97 ©ivan mogilevchik, S. 98 ©Georg, S. 101 ©Petair, S. 105 ©Glevalex, S. 110 ©ragufeng

Germanische Spiele. So spielten die Wikinger und Germanen
4. Auflage 2026

Regionalia Verlag,
ein Imprint der Kraterleuchten GmbH, Gartenstraße 3, 54550 Daun
Alle Rechte vorbehalten

Bei Fragen zur Produktsicherheit wenden Sie sich an:
gpsr@kraterleuchten.com

Autorin: Gisela Muhr
Cover: Lydia Martschin
Layout/Satz: Beatrice Salanowski für Liga, Niederkassel

Hergestellt in der Europäischen Union, Finidr, CZ

ISBN 978-3-95540-275-4
www.regionalia-verlag.de

Vorwort

Dieses Buch entführt Sie in längst vergangene Zeiten. Sie glauben, in früherer Zeit hätten die Menschen nur hart arbeiten müssen und für Spiele keine Muße gehabt? Dann werden Sie erstaunt sein, wie viel die „alten" Germanen und die raubeinigen Wikinger tatsächlich gespielt haben.

Spielen liegt in der Natur der Menschen, denn bis heute wird gezockt, geknobelt und gewettet, wer der Beste ist. Leider finden in unserer heutigen Zeit viele Spiele vor dem Computer sitzend statt und viele Kinder und Jugendliche haben verlernt, wie man anstelle von visuellen Gegnern mit Freunden und Familienmitgliedern spielt.

Auf den nächsten Seiten finden Sie Spiele, die der ganzen Familie Spaß machen, und außerdem erfahren Sie einiges über die Volksstämme der Germanen und über die wilden Wikinger.

Die Germanen

Wer waren die Germanen?

Selbst in unserer heutigen, fortgeschrittenen Zeit ist von den Germanen nur sehr wenig bekannt. Sicher ist, sie waren nie ein einheitliches Volk und empfanden auch kein Gefühl der Zusammengehörigkeit.

Ursprünglich besiedelten die Germanen Skandinavien, Dänemark und Teile Norddeutschlands. Der Begriff „Germanen" gilt als Sammelbezeichnung für bestimmte Völker und Stämme, die im Gebiet zwischen Rhein, Donau und Weichsel lebten und großflächig in Mittel- und Nordeuropa an Nord- und Ostsee siedelten. Die germanischen Stämme waren immer wieder in Bewegung und es herrschte ständig Unruhe in Zentraleuropa.

Die Germanen bildeten keinen gemeinsamen Staat, hatten keine gemeinsame Identität und bekämpften sich regelmäßig untereinander. Die Bezeichnung „Germanen" stammt nicht von den Menschen, die so genannt wurden, denn sie selbst fanden ihre Identität in ihren jeweiligen Stammes- oder Volksgemeinschaften. Die Germanen gehören zur indogermanischen Sprachfamilie, allerdings ohne einheitliche germanische Sprache.

Zur Zeit der alten Griechen und Römer wussten die Menschen nur wenig von den Völkern des Nordens und nannten sie Barbaren, also Menschen, die nicht griechisch oder römisch gebildet waren.

Erst um das Jahr 80 vor Christus taucht der Begriff „Germanen" auf und wurde durch Gaius Julius Cäsar (100–44 vor Christus) verbreitet. Seit dieser Zeit hatten die Römer Kontakte zu den germanischen Stämmen und Völkern, die jedoch meist kriegerischer Art waren.

Wie lebten die Germanen?

Da die Germanen kein einheitliches Volk waren, kann man nicht von einer germanischen Lebensweise allgemein sprechen.

Während die Völker des Mittelmeerraumes dem römischen Kaiser gehorchen, Gesetze befolgen und Steuern zahlen mussten, war es den Germanen möglich, in beachtlicher Freiheit zu leben.

Im Wesentlichen waren aber die Siedlungs- und Gesellschaftsstrukturen der verschiedenen Stämme gleich. Den Kern der germanischen Gesellschaft bildete die Familie (eine Sippe umfasste alle Blutsverwandten), der alle Mitglieder zu voller Ergebenheit verpflichtet waren.

Das Oberhaupt einer Sippe, die auch Unfreie, die Knechte und Mägde umfasste, hatte die Aufgabe, die gesamte Gemeinschaft zu schützen. Wurde ein Sippenmitglied angegriffen, stand die ganze Sippe zur Verteidigung zusammen. Bei Auseinandersetzungen besaßen die Sippen das Recht, ihre Angelegenheiten selbst zu regeln.

Sämtliche freien und kampffähigen Männer eines Stammes bildeten zusammen in einer Vollversammlung den „Thing", der das

Oberhaupt des jeweiligen Stammes wählte. Ein Oberhaupt, eher ein Stammeshäuptling als ein König oder Konsul, wurde wieder abgesetzt, wenn er es nicht verstand, oder nicht in der Lage war, seine Pflichten im Sinne der Gemeinschaft zu erfüllen.

Für den „Thing", der überwiegend an heiligen Stätten im Freien stattfand, mussten strikte Regeln eingehalten werden. Er war den Göttern geweiht, eine Störung beleidigte diese und wurde von den Priestern hart bestraft. Im „Thing" wurde aber auch Gericht gehalten oder über die Aufnahme neuer Mitglieder in den „Thing" abgestimmt.

Die Germanen siedelten entweder in kleinen Dörfern oder verstreut auf Einzelhöfen. Meist wohnte auch das Vieh noch mit im Haus. Zumeist lebten sie in fensterlosen Holzhäusern, in denen die gesamte Familie mit Knechten, Sklaven, aber auch die Tiere untergebracht waren. Die Dächer der Häuser reichten bis zum Boden und waren mit Stroh bedeckt, die Einrichtung war karg.

Die Sippen versorgten sich selbst durch Getreideanbau (Gerste, Hafer, Weizen, Roggen und Hirse) und Viehzucht (Rinder, Schweine, Schafe, Ziegen, Hühner und auch Hunde), zur Jagd gingen sie eher selten. Aus dem Getreide stellten sie eine Art Bier her, von dem sie recht viel tranken und zwar aus großen Trinkhörnern. Auch viele Handwerker wie Schmiede, Töpfer und Tischler fanden sich unter den Stammesmitgliedern. Im Gegensatz zu anderen Völkern, bei denen die Vielehe damals durchaus üblich war, war bei den Germanen die Einehe verbreitet.

Die Germanen und die Religion

Auch in religiösen Dingen waren die vielen verschiedenen Stämme nicht einheitlich. Jedoch gab es einige Gemeinsamkeiten, besonders unter den Stämmen, die im gleichen Gebiet lebten. Es kam durchaus vor, dass sich zwei Stämme zusammenfanden, um gemeinsame Rituale durchzuführen, wodurch schlussendlich Bündnisse miteinander gestärkt wurden. Historiker sind sich sicher, dass es bei den Germanen keine Tempel (wie bei Griechen und Römern) gab. Religiöse Handlungen wurden an heiligen Plätzen wie Waldlichtungen, Gewässern oder Mooren durchgeführt. Zu den Ritualen zählten Tänze, Opfergaben sowie Tier- und sogar Menschenopfer.

Hinsichtlich der Gottheiten, die sie anbeteten waren sich die Stämme einig. Unsere heutigen Wochentags-Bezeichnungen haben ihren Ursprung zum Teil in germanischen Gottheiten. Der Göttin „Freya" verdanken wir unseren Freitag, der Donnerstag bezieht sich auf Donar oder Thor, und Wotan oder Odin ist z. B. im Englischen namensgebend für den Mittwoch (Wednesday) und im Niederdeutschen „Wunsdag" hat das Wort für Mittwoch ebenfalls diesen Ursprung.

Die Germanen und die Römer

Nachdem die Römer das Reich der Kelten erobert und die Menschen an ihre Lebensgewohnheiten angepasst hatten, fanden sich die Germanen in unmittelbarer Nachbarschaft zum Römischen Reich wieder.

Da sich die relativ kleinen germanischen Stämme jeweils als selbständige Einheiten empfanden, war es ihnen nur selten möglich, mehrere Stämme für ein Ziel zusammenzubringen. Dieses Dilemma hatten die Römer schon früh erkannt und nutzten dies für ihre eigenen Zwecke aus. So schlossen sie Bündnisse, trieben friedlichen Handel mit den verschiedenen Stämmen, spielten diese aber auch gegeneinander aus.

Wenig typisch für das Verhalten der Germanen ist deshalb der sogenannte Arminius-Aufstand im Jahre 9 nach Christus. Arminius war es mit seiner diplomatischen Begabung gelungen, die zuvor zerstrittenen Stämme – unter anderem Cherusker, Chatten, Angrivarier, Marser und Brukterer – zu vereinen und gegen die Römer zu führen. Die Römer wurden in der sogenannten Varusschlacht vernichtend geschlagen. Trotz diesem gemeinsamen Sieg kam es erneut zu Konflikten zwischen den germanischen Stämmen.

Germanien wurde vorerst nicht weiter von Rom erobert und so war der Rhein die Grenze zwischen den römischen Provinzen und dem freien Germanien. Die Römer errichteten den Limes, einen gewaltigen Grenzwall, damit die bereits eroberten Gebiete bestmöglich vor den Germanen geschützt waren. Der Limes ist noch heute in Überresten erhalten.

Die Germanen und das Spiel

Die Germanen übernahmen viele Spielvarianten von den Römern und zwar mit einer Leidenschaft, die selbst die Römer, die ebenfalls leidenschaftliche Spieler waren, irritierte. Tacitus (um 58 bis ca. 120 nach Christus, ein bedeutender römischer Historiker) berichtete, dass die Germanen in ihren Spielen ohne Bedenken den gesamten Haushalt nebst Haus, Weib und Kindern als Spielpfand einsetzten. Sie gingen sogar soweit, die eigene Freiheit „auf's Spiel zu setzen". Das hatte zur Folge, dass sie bei Verlust dem Gewinner in die Sklaverei folgen mussten.

Die Wikinger

Als Schrecken des Mittelalters versetzten die Wikinger vor über tausend Jahren ganz Europa in Angst und Bestürzung. Bis an die Zähne bewaffnet tauchten sie mit ihren wendigen Langschiffen, mit furchteinflößenden Schlangen- oder Drachenköpfen am Bug, plötzlich an Küsten auf. Rücksichtslos eroberten sie Dörfer, plünderten Klöster, versklavten die Menschen und verwüsteten alles, was sie nicht mitnehmen konnten. Die Seefahrer reisten sogar bis in den Orient, nach Bagdad oder ins Baltikum sowie nach Russland.

Wikinger – die Schrecken der Meere

In Mittel- und Südeuropa empfand man die plötzlich, wie aus dem Nichts auftauchenden Horden aus dem Norden als eine fürchterliche Geißel. Jedoch waren die Wikinger kein einheitliches Volk, keine ethnische Gruppe. „Wikinger" ist die Bezeichnung für verschiedene Völker aus dem Norden, die im neunten Jahrhundert in Mitteleuropa erschienen. Den Menschen auf dem europäischen Kontinent war es vollkommen egal, wer sie da genau erstürmte. Für sie waren die überaus raubeinigen, schrecklichen und mitleidlosen Barbaren ohne Unterschied – eben alle Wikinger.

Aus der Sicht der Wikinger waren die Gründe für ihre beschwerlichen und gefährlichen Seefahrten das Erschaffen und Sichern besserer Lebensverhältnisse. Von Händlern erfuhren sie in ihren Heimatdörfern unglaubliche Geschichten über dürftig bewachte Reichtümer im fremden Mitteleuropa. Die Möglichkeit, sich diesen Reichtum anzueignen, reizte die Männer aus dem Norden ungemein. Und so begaben sie sich auf ihren Schiffen auf Beutefahrt. Ihre Beutezüge waren so erfolgreich, dass sie regelmäßig vor Europas Küsten erschienen.

Alltag der Wikinger

Auch wenn der raubende, brandschatzende Wikinger sehr gefürchtet wurde, war der kriegerische Bereich nur ein Teil des wikingischen Lebens. Genauso wie alle anderen Menschen hatten auch die Wikinger ihren Alltag zu bewältigen.

Ein großer Teil der männlichen Bevölkerung unternahm im Frühling und Sommer weite Reisen mit dem Schiff. Das Leben an

Bord war sehr beschwerlich und kräftezehrend; so mussten die Männer bei Flaute mit Rudern nachhelfen. Zudem waren die Seefahrer auch von Skorbut betroffen.

Die restliche Bevölkerung, die in Skandinavien blieb, lebte in dörflichen Gemeinschaften und ging ihren Tätigkeiten als Bauern, Handwerker und Händler nach.

Die wikingerzeitliche Gesellschaft war geprägt durch eine Männerdominanz. Frauen wurden erst in der zweiten Hälfte des 9. Jahrhunderts, also rund 100 Jahre nach offiziellem Beginn der Wikingerzeit, erwähnt. Die Rolle der Frauen war jedoch nicht zu unterschätzen, da sie den heimischen Hof mitsamt Kindern und Vieh allein zu versorgen hatten.

Die Kindersterblichkeit in jener rauen Zeit war hoch. Eine Geburt zu überleben und es danach auch noch ins Kindsalter zu schaffen, war durchaus nicht selbstverständlich im Reich der Nordmänner. Ein Neugeborenes, das nach der Geburt eine Krankheit oder Behinderung erkennen ließ, wurde gleich aus dem Langhaus getragen und dem Tod überlassen.

Viele Kinder (und auch Erwachsene) starben an Krankheiten, Hunger oder den bisweilen rauen Lebensbedingungen des Nordens. Kinder, die das Alter von sieben Jahren erreicht hatten, galten als vollwertige Arbeitskraft.

Aber waren sie wirklich nur mordlüsterne und ausbeutende Barbaren?

Die Wikinger waren nicht nur mit kriegerischen Absichten, plündernd und brandschatzend unterwegs, sie waren auch Händler, die teilweise kolonialisierten und ein dichtes Handelsnetz errichteten. Sie wollten nicht nur Beute machen, sondern auch Geschäfte betreiben und tauschten Güter wie Honig, Wachs, Bernstein, Felle und Waffen gegen Edelmetalle, Silber, Seide, Gewürze und Rüstungen. Ein besonders wichtiger Handelszweig waren dabei Sklaven, die bis in den Orient verkauft wurden.

Wikinger und Religion

Die kämpferische Natur der Wikinger findet sich auch in ihrem Glauben wieder. Ihre Götter sind starke, im Kampf erprobte Männer, die weder den Tod noch den Weltuntergang fürchten.

Ihr Glaube umfasst mehrere Götter, wie zum Beispiel Thor und Bragi. Diese lebten in der Götterburg Asgard und ihr Vater war Odin. Mit diesen kriegerischen Göttern war der Tod für einen Wikinger nichts Erschreckendes. Starb ein Mann im Kampf mit seiner Waffe in der Hand, war der Tod ehrenvoll und der Krieger verdiente den Respekt der Lebenden.

Das Ende der Wikingerzeit

Die Wikingerzeit endete mit dem 11. Jahrhundert. Norwegen, Dänemark und Schweden wurden Königreiche und die Menschen des Nordens begannen sesshaft zu werden. Auch der christliche Glaube führte zu einer wesentlichen Befriedung der kriegerischen Wikinger. Mit der Veränderung der europäischen Welt verloren sie ihr Monopol im Schiffsbau und ihre militärische Überlegenheit.

Die Wikinger und das Spiel

Das Leben der Nordmänner war hart, entbehrungsreich und kriegerisch. Und so waren auch ihre Spiele. Der Wettkampf, Mann gegen Mann oder Mannschaft gegen Mannschaft, stand im Vordergrund. Felsbrocken- oder Holzstämme-Weitwerfen und andere kraftnotwendigen Wettbewerbe zählten zu den Lieblingsspielarten der starken Männer. Austragungen mit Faust und Schwert, welche oftmals blutig ausgingen, waren keine Seltenheit. Dennoch hatten sie auch „friedliche" Spiele und man kann durchaus davon ausgehen, dass sie auf ihren vielen Seereisen auch Spiele der alten Römer und Germanen spielten.

Die Spiele

In ihrem zumeist harten Leben fanden die Germanen und die Wikinger Zerstreuung im Spiel. Harte Zeiten erzeugen harte Lebensbedingungen und so waren die Spiele der Menschen jener Zeit meist dem Wettkampf unterzogen. Das spiegelt sich auch in ihrem Spielverhalten wider. Mann gegen Mann galt es, den Sieger zu ermitteln. Auch wenn die Spiele oft mit Utensilien wie Nüssen oder Steinchen gespielt wurden, wollte jeder der Beste sein.

Gesellschaftsspiele

Brett- und Würfelspiele für 2 oder mehrere Personen

Tablut

Ein Spiel für 2 Personen

Tablut ist ein Spiel aus der Gruppe der Hnefatafl-Spiele. Diese Spiele kommen ursprünglich aus dem hohen Norden und wurden wohl bereits von den Wikingern gespielt.

Ziel des Spiels

In diesem Spiel haben beide Spieler unterschiedliche Ziele. Die 8 weißen Figuren mit ihrem König müssen es mit 16 schwarzen Figuren aufnehmen. Der Spieler mit Weiß muss versuchen, den König in eine der 4 Ecken in Sicherheit zu ziehen, während der Spieler mit den schwarzen Figuren den König gefangen nehmen muss. Weiß gewinnt, sobald der König eines der 4 Eckfelder erreicht hat. Schwarz gewinnt, wenn der König so umkreist wurde, dass er bewegungsunfähig ist.

Es gibt sehr viele Regelvarianten für dieses Spiel, wir haben uns für folgende entschieden.

Das Spielbrett und die Aufstellung der Spielsteine

Das Spielbrett ist quadratisch und hat 9 x 9 Felder. Als Spielfiguren eignen sich die weißen und schwarzen Steine des Mühlespiels, wobei der weiße König durch zwei aufeinanderliegende Spielsteine kenntlich gemacht wird.

Die Spielsteine werden vor Spielbeginn wie auf der Zeichnung zu sehen ist aufgestellt. Der König steht in der Mitte auf seinem Thron. Nur der König darf den Thron und die vier Eckfelder des Spielbretts „betreten".

Das Spiel

Vor Spielbeginn wird ermittelt, welcher Spieler Schwarz (Angreifer) und welcher Weiß (Verteidiger) spielt. Der erste Spielzug wird immer von den Angreifern ausgeführt.

Die Spieler spielen abwechselnd und können mit einer ihrer Figuren pro Zug beliebig viele freie Felder senkrecht oder waagerecht ziehen. Es dürfen aber keine Figuren übersprungen werden.

Wird der König von seinem Thron (das Mittelfeld) gezogen, so darf weder er noch eine andere Figur ihn wieder betreten. Jedoch kann jede Figur darübergezogen werden, darf den Zug aber dort nicht beenden.

Die „normalen" Steine, sowohl Angreifer wie auch Verteidiger, können nur indirekt durch das sogenannte Einschließen geschlagen werden. Wenn ein Spieler genau einen gegnerischen Stein zwischen zwei eigenen Steinen einschließt, wird der gegnerische Stein vom Brett genommen. Man kann auch zwei Steine zugleich schlagen, wenn diese mit einem Zug zwischen zwei anderen eigenen Steinen eingeschlossen werden. Auch kann ein gegnerischer Stein geschlagen werden, wenn er zwischen einem eigenen Stein und einem der vier Eckfelder eingeschlossen wird. Mit dem König kann allerdings nicht geschlagen (eingeschlossen) werden.

Um den König zu schlagen, muss er an 4 Seiten seines aktuellen Feldes, jedoch nicht diagonal, von gegnerischen Steinen eingeschlossen werden. Er kann aber auch mit 3 Spielsteinen eingeschlossen werden, nämlich wenn die 4. Seite an den Thron grenzt oder zu einer Seitenkante des Bretts gehört.

Hat der König eines der 4 Eckfelder erreicht, hat Weiß gewonnen. Wird er geschlagen, hat Schwarz gewonnen. Wenn ein Spieler zugunfähig ist, verliert er ebenfalls das Spiel.

Hnefatafl, auch Königszabel

Ein Spiel für 2 Personen

Erste Vorläufer dieses Spiels aus der Wikingerzeit sind bereits für das 4. Jahrhundert nachgewiesen.

Ziel des Spiels

Der Spieler mit den weißen Figuren muss versuchen, seinen König zu halten bzw. verhindern, dass dieser vom Spieler mit den schwarzen Figuren gefangen genommen wird. Sein Ziel besteht deshalb darin, den König auf eines der 4 sicheren Eckfelder („Eck- oder Fluchtburgen") zu ziehen. Gefangen ist der König, sobald er von 4 gegnerischen Steinen umzingelt ist. Anders als z. B. beim Schach haben beide Spieler ein anderes Ziel. Das macht das Spiel so interessant. Die weißen Verteidiger beginnen das Spiel und kämpfen gegen eine doppelt so große Anzahl von schwarzen „Königsjägern".

Das Spielbrett und die Aufstellung der Spielsteine

Ein Spielbrett mit 13 x 13 Feldern, 12 weiße Figuren und einen König für den ersten Spieler und 24 schwarze Figuren für den zweiten Spieler. Die Spielfiguren werden Zabel genannt.

Das Spiel

Vor Spielbeginn wird ermittelt, welcher Spieler Schwarz und welcher Spieler Weiß spielt. Die Spielfiguren werden wie folgt auf das Brett positioniert.

Der König wird in die Mitte des Spielfeldes auf seinen Thron (auch „Konakis" genannt) gesetzt. Die 12 weißen „Männer" (Spielfiguren) werden um ihn herum auf die angrenzenden Felder positioniert, sie bilden also eine „Vorhut". Die schwarzen Steine werden in 4 Sechsergruppen aufgeteilt, an jedem Spielfeldrand werden 5 Figuren aufgestellt, ein Stein dient als Vorhut (siehe Abbildungen S. 38 und 39). Die Bewegung der Figuren erfolgt nur vertikal oder horizontal, nie diagonal.

Jede Figur bewegt sich senkrecht oder waagerecht über beliebig viele freie Felder. Ein Zabelstein gilt als geschlagen, wenn er von zwei gegenüberliegenden Seiten durch gegnerische Figuren eingeschlossen ist. Ein Spieler darf aber mit seiner Figur zwischen 2 gegnerische Figuren ziehen, ohne dass dies zur Gefangennahme führt. In diesem Fall muss der Gegner sogar einen Zug mehr zum Freigeben des Spielfeldes ziehen, um diesen Stein schlagen zu können. Nur der König darf sich auf dem Konakis-Feld aufhalten. Die schwarzen Königsjäger haben gewonnen, wenn 4 Angreifer den König umzingeln.

Schlagen an einer Eckburg: Die Eck- oder Fluchtburgen gelten sowohl für weiße als auch für schwarze Zabelsteine als eigene bzw. gegnerische Spielsteine. Um einen Gegner unmittelbar neben der Eckburg zu schlagen, benötigt man nur einen Spielstein, da die Eckburg dann als Stein des Spielenden gilt.

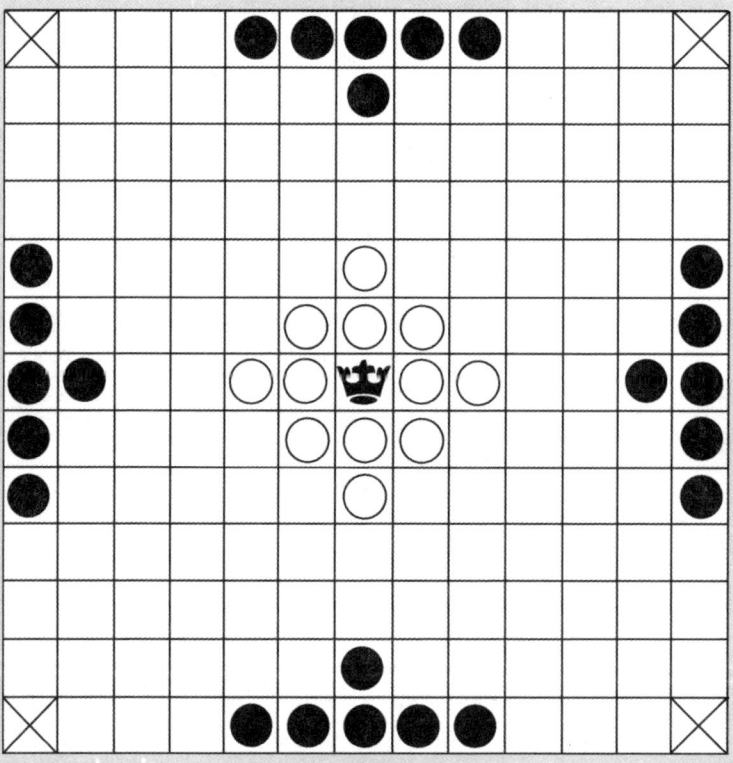

Geschlagene Spielsteine werden vom Brett entfernt. Ein Schlagzwang besteht nicht. Das Spiel gilt als gewonnen, wenn der König gefangen genommen wurde oder wenn ihm die Flucht auf eine der Burgen gelungen ist.

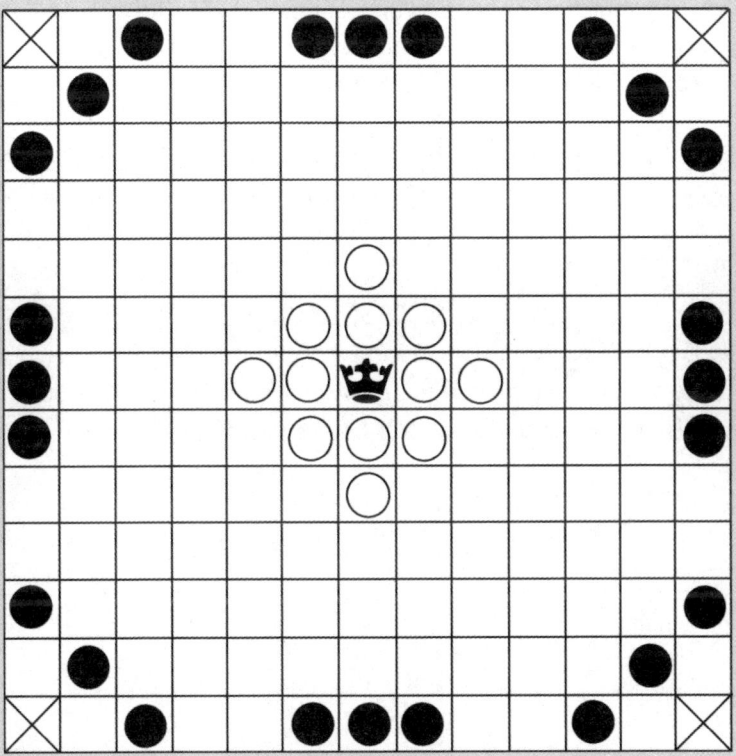

Mühle

Ein Spiel für 2 Personen

Das Mühle-Spiel ist wahrscheinlich das universellste alte Spiel der Welt – Spielformen fanden sich in China 550 vor Christus, im alten Ägypten 1300 vor Christus und sogar im alten Troja, bei den Wikingern und natürlich im Mittelalter.

Das Spielbrett und die Aufstellung der Spielsteine

Benötigt wird ein Mühlebrett, 18 kreisrunde Spielsteine, weiße und schwarze in gleicher Anzahl.

Ziel des Spiels

Das Ziel der Spieler besteht darin, so viele Mühlen wie möglich zu bilden, den jeweiligen Spielgegner zugunfähig zu machen oder so zu spielen, dass er weniger als 3 Steine übrig hat.

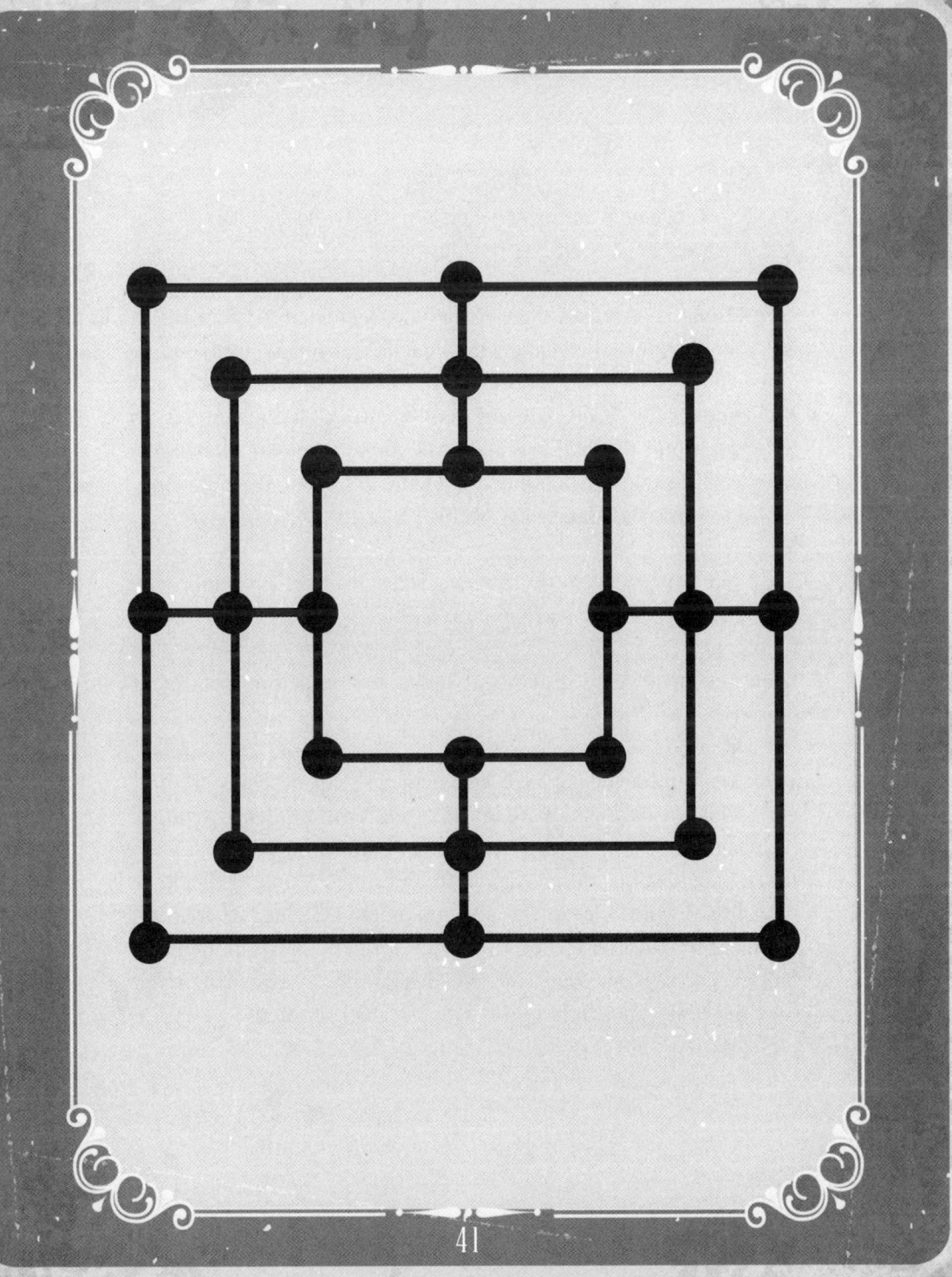

Das Spiel

Als Erstes lost man unter den Spielern die Farbe aus. Der Spieler mit den weißen Steinen beginnt das Spiel.

Eine Mühle besteht aus einer Reihe von 3 Steinen in einer Farbe. Sie kann entlang aller Linien des Spielfeldes gebaut werden. Zu Spielbeginn setzen die Spieler abwechselnd je einen Stein auf Kreuzungs- oder Eckpunkte auf dem Spielfeld. Sind alle Steine im Spiel, kann mit der Mühlenbildung begonnen werden, wobei eine möglichst flexible Bewegung der Steine auf dem Brett genauso wichtig ist wie das Bauen der Mühlen selbst.

Strategie beim Setzen der Steine: Selbstverständlich kann man schon beim Setzen versuchen, eine Mühle zu bilden, aber ein aufmerksamer Gegenspieler lässt dies kaum zu. Deshalb sollte man beim Setzen an eine gute strategische Positionierung für später denken.

Wird die Mühle eines Spielers mit dem 3. Stein geschlossen, darf ein Stein des Gegners aus dem Spiel entfernt werden, allerdings nicht aus einer schon gebauten Mühle. Sogenannte Zwickmühlen treten auf, wenn durch das Öffnen einer Mühle eine neue geschlossen wird. Ein Spieler, der nur noch 3 Steine besitzt, darf mit diesen pro Zug an jeden beliebigen Knotenpunkt springen. Ein Spieler, der sich nur noch in dem Besitz von 2 Steinen befindet oder der bewegungsunfähig ist, hat das Spiel verloren!

Dame

Ein Spiel für 2 Personen

Wahrscheinlich hat das strategische Brettspiel seinen Ursprung im 10. Jahrhundert; das Spielbrett wurde vom damals schon bekannten Schachspiel übernommen. Die Spielregeln stammen von Alquerque (auch als Quirkat bekannt). Den weitgereisten Wikingern dürfte also dieses Spiel durchaus bekannt gewesen sein.

Ziel des Spiels

Die Spieler versuchen durch Überspringen der Steine des Gegners dessen Steine zu „schlagen". Geschlagene Steine werden vom Spielfeld genommen.

Das Spielbrett und die Aufstellung der Spielsteine

Gespielt wird auf einem Spielbrett mit 8 x 8 Feldern, die Felder sind abwechselnd schwarz und weiß aufgeteilt. Benötigt werden jeweils 12 weiße und schwarze Spielsteine.

Das Spielbrett sollte so platziert werden, dass jeder Spieler in der ersten Reihe links ein schwarzes Eckfeld vor sich liegen hat. Die Spieler müssen ihre jeweiligen Spielsteine auf die schwarzen Felder in den ersten 3 jeweils ihm zugekehrten Reihen setzen, so dass sich in jeder dieser Reihen 4 Spielsteine befinden.

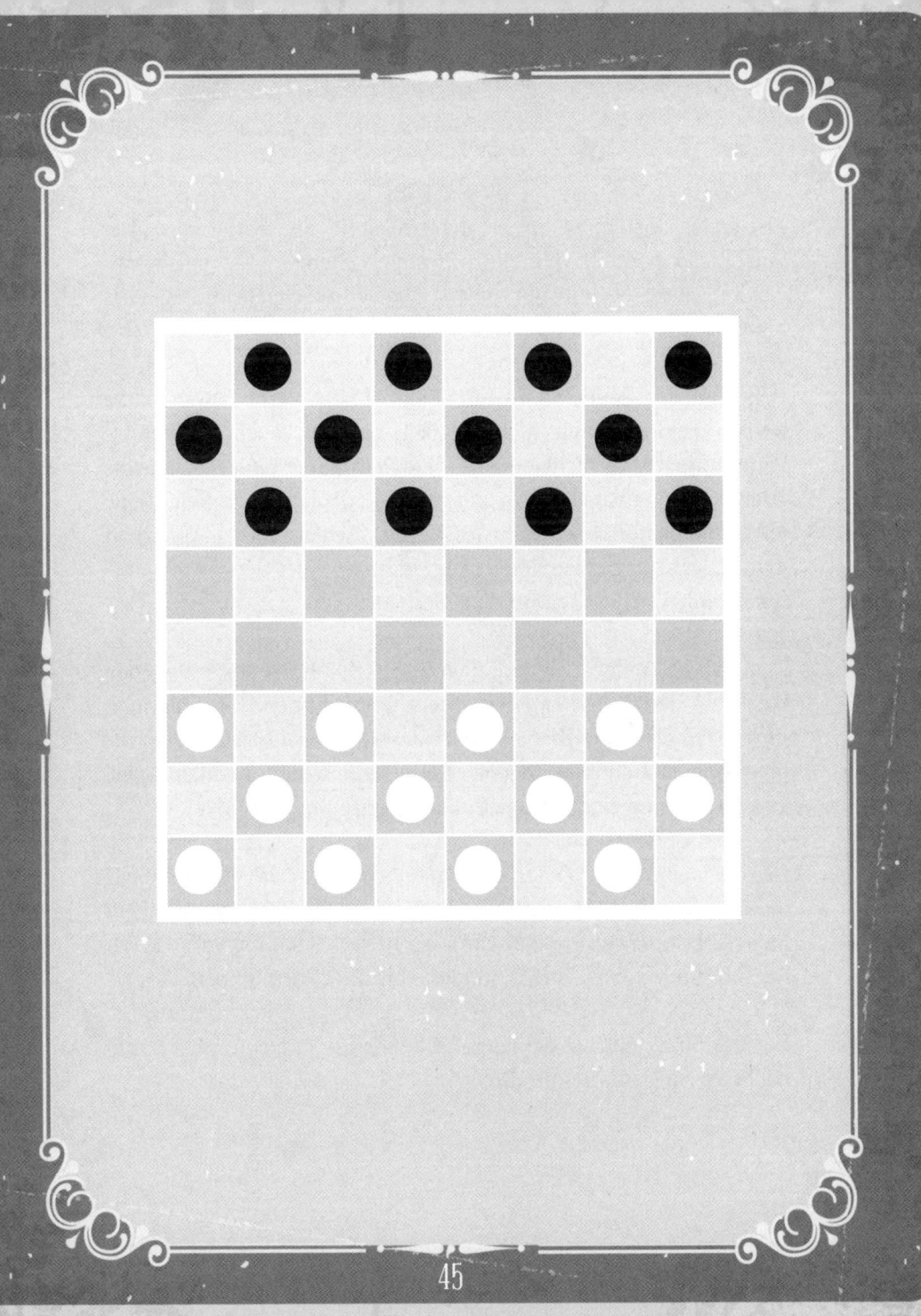

Das Spiel

Als Erstes lost man unter den Spielern die Farbe aus. Der Startspieler beginnt mit den schwarzen Steinen. Die Spielsteine werden abwechselnd um einen Zug (also ein Feld) vorwärts bewegt.

Dabei darf man seine Steine nur diagonal nach vorne bewegen, die weißen Felder dürfen nicht bespielt werden, auch Rückwärtsbewegungen sind nicht erlaubt. Eine Ausnahme bildet jedoch die „Dame". Dementsprechend kann man die gegnerischen Spielsteine auch nur diagonal schlagen (es besteht Schlagzwang). Übersieht ein Spieler seine Schlagmöglichkeit, dann darf der Gegner den entsprechenden Spielstein vom Spielbrett nehmen.

Zum Schlagen eines gegnerischen Spielsteins muss der schlagende Spielstein den zu schlagenden Stein überspringen. Der Spielstein muss dazu also über den anderen hinweg auf ein freies Feld springen können. Den geschlagenen Stein nimmt man aus dem Spiel. Es dürfen keine eigenen Spielsteine übersprungen werden.

Das Schlagen mehrerer Steine ist möglich, wenn das Zielfeld eines Sprungs auf ein Feld führt, von dem aus ein weiterer gegnerischer Stein übersprungen werden kann, so wird der Sprung fortgesetzt. Alle übersprungenen Steine werden vom Brett genommen.

Hat ein Spielstein die gegnerische Randreihe erreicht, gilt er vom nächsten Spielzug an als „Dame".

Die „Dame" wird mit einem zweiten, ausgeschiedenen Stein „gedoppelt", um den Spielstein so deutlich als Dame zu kennzeichnen.

Vorteil der „Dame" ist, dass sie sich vor- und rückwärts bewegen darf und zwar beliebig weit, aber auch nur diagonal. Das heißt, sie herrscht von ihrer jeweiligen Position über zwei sich kreuzende Diagonalen und kann daher jeden Spielstein schlagen, der sich auf einem Spielfeld in diesen Diagonalen befindet.

Die „Dame" muss sich jedoch nach dem Spielzug nicht direkt hinter dem Feld des betreffenden Steines platzieren, sondern sie darf sich beliebig weit platzieren, wenn noch weitere freie Spielfelder in dieser Diagonale vorhanden sind. Steine der eigenen Farbe dürfen auch mit der „Dame" nicht übersprungen werden.

Das Spiel endet, wenn ein Spieler keine Steine mehr auf dem Brett hat oder keinen Stein mehr bewegen kann.

Kvatrutafl

Ein Spiel für 2 Personen

Verschiedene Formen des Spiels waren bereits den Römern bekannt, die Wurzeln liegen vermutlich beim alt-ägyptischen Brettspiel Senet. Aus diesen Varianten hat sich das heutige Backgammon entwickelt. Da auch wie bereits erwähnt die alten Germanen „Zocker" waren, liegt es nahe, dass sie dieses Spiel gespielt haben.

Ziel des Spiels

Ziel ist es, erst alle eigenen Steine über das Feld in das jeweilige Heimbord zu bringen, um die Steine anschließend vom Feld zu würfeln.

Das Spielbrett und die Aufstellung der Spielsteine

Benötigt werden 1 Backgammon-Spielbrett, 2 Würfel, 15 weiße Spielsteine, 15 schwarze Spielsteine.

Die Spieler platzieren ihre Steine auf der jeweiligen Grundlinie (siehe Abbildung).

Äußeres Bord   **Inneres Bord**

l k j i h g   f e d c b a

m n o p q r   s t u v w x

Das Spiel

Zunächst wird bestimmt, wer welche Farbe spielt. Der Spieler mit den weißen Steinen beginnt. Es wird abwechselnd gewürfelt.

Der Zug, der einen Stein ausspielt, muss nicht aufgehen (benötigt man beispielsweise 4 Schritte, darf man auch eine Fünf würfeln). Es werden immer beide Würfel geworfen. Der Spieler zieht nun seine Steine gemäß der gewürfelten Augenzahlen. Er kann dabei sowohl mit 2 verschiedenen Steinen oder mit einer Figur in 2 Schritten vorrücken.

Beispiel:

Es wurden eine Drei und eine Vier gewürfelt. Jetzt kann man mit einem Stein 3 Felder und mit einem anderen 4 Felder weitergehen. Man kann aber auch mit einem Spielstein erst 3 und dann 4 Felder vorrücken – oder umgekehrt. Man darf aber nicht 7 Felder in einem Stück vorrücken.

Würfelt man zwei gleiche Zahlen, also ein Pasch, darf der Spieler die doppelte Anzahl an Schritten weiterziehen. Jeder Schritt ist auch hier eigenständig zu sehen. Wirft man z. B. zwei Dreien, darf man insgesamt viermal 3 Schritte vorrücken.

Es darf ausschließlich auf ein freies Feld gezogen werden. Darunter versteht man unbesetzte Felder und solche, die mit eigenen Steinen oder nur mit einem gegnerischen Stein besetzt sind. Der gegnerische Stein wird dadurch geschlagen und in der Mitte des Feldes abgelegt. Es besteht kein Schlagzwang. Hat ein Spieler einen geschlagenen Stein, muss er diesen, bevor er andere Züge machen darf, erst in das Spiel „hineinwürfeln". Dabei gilt die eigene Grundlinie als erster Schritt und man darf auch hier nur auf ein freies Feld gelangen. Einen gegnerischen Stein zu schlagen, kann also zu einem Zeitvorteil führen.

Kann man keinen gültigen Zug ausführen, verfällt der Wurf und der Mitspieler ist an der Reihe. Haben alle Spielsteine eines Spielers ihr Heimbord erreicht, beginnt das sogenannte Abtragen. Grundsätzlich gilt, dass immer der Stein gezogen wird, der am weitesten von der Ziellinie entfernt ist. Wer zuerst alle Steine vom Brett hat, gewinnt das Spiel.

Einfache Dreiermühle oder kleine Mühle

Ein Spiel für 2 Personen

Heute lässt sich darauf schließen, dass dieses Spiel bereits den Römern bekannt war. Es ist sehr wahrscheinlich, dass es auch sowohl von den Germanen als auch von den Wikingern gespielt wurde. Vermutlich wurde das Spielfeld einfach in den Sand gezeichnet und als Spielsteine dienten kleine Steinchen oder Münzen.

Ziel des Spiels

Ziel ist es, 3 eigene Steine in eine Reihe zu bekommen – die sogenannte kleine Mühle.

Das Spielbrett und die Aufstellung der Spielsteine

Für dieses Spiel benötigt man ein Blatt Papier und einen Stift, um das Spielfeld aufzuzeichnen, 3 weiße Spielsteine, 3 schwarze Spielsteine. Zunächst zeichnet man auf ein Blatt Papier das Spielfeld in Form eines Quadrats mit 3 Feldern in jede Richtung.

Das Spiel

Nachdem bestimmt wurde, wer beginnt, setzen die Spieler abwechselnd ihre Steine auf das Feld. Sind alle Steine platziert, schieben beide Spieler abwechselnd ihre Figuren. Es darf ausschließlich auf ein freies, benachbartes Feld gezogen werden. Ziel ist es, die sogenannte kleine Mühle zu bekommen und somit 3 eigene Steine in eine Reihe zu bekommen. Die Lage der Mühle ist in jede Richtung möglich, also senkrecht, waagerecht und auch diagonal.

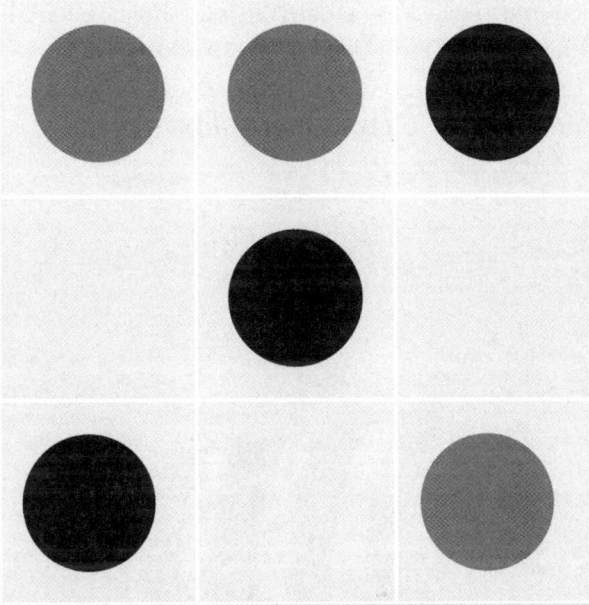

Fünf und Neun

Das Würfelspiel ist für eine beliebige Anzahl von Personen geeignet.
Bei diesem Spiel handelt es sich um ein historisches Glücksspiel. Vermutlich war dies eines jener Spiele, bei denen die alten Germanen und vielleicht auch die Wikinger hohe Geldbeträge setzten und möglicherweise Haus und Hof verloren.

Ziel des Spiels
Den jeweiligen Spieleinsatz zu gewinnen.

Man benötigt
2 Würfel sowie Münzen oder Spielgeld.

Das Spiel

Der Bankhalter muss bestimmt werden sowie die Anzahl der Spielrunden.

Pro Runde setzt jeder Spieler seinen Spieleinsatz an Münzen. Der Bankhalter würfelt mit beiden Würfeln gleichzeitig.

Bei 5 oder 9 Augen (Anzahl der Punkte auf den Würfeln) gewinnen die Spieler 1:1.

Bei 3 oder 11 Augen oder bei einem Pasch (Wurf mit 2 gleichen Punkten) gewinnt der Bankhalter.

Werden 4, 6, 7, 8, oder 10 Augen geworfen, bleiben die Einsätze stehen und der Bankhalter würfelt erneut.

Kreismühle

Ein Spiel für 2 Personen

Mit diesem historischen Spiel versüßten sich die Spieler gerne ihre Mußezeiten. Einfachheitshalber wurde das Spielfeld in den Sand gemalt und als Spielsteine dienten Steinchen, kleine Holzstückchen oder aber bei Zockern vielleicht Münzen, die der Gewinner einsteckte.

Ziel des Spiels

Ziel des Spieles ist es, wie bei allen Mühlevarianten, eine Mühle zu bilden, also die 3 eigenen Spielsteine in eine Linie zu bekommen.

Das Spielbrett und die Spielsteine

Auf Papier wird ein Spielfeld gezeichnet. Jeder Spieler erhält 3 Spielsteine, einer weiß und einer schwarz.

Das Spiel

Zuerst wird entschieden, welcher Spieler beginnen darf. Die Spieler setzen abwechselnd jeweils einen Spielstein. Ist dies geschehen, ziehen die Spieler abwechselnd, wobei ein Stein immer nur auf ein unbesetztes Nachbarfeld verschoben werden darf. Es besteht Zugzwang, das heißt, es kann nicht auf den eigenen Zug verzichtet werden.

Gewinner des Spiels ist derjenige, der eine Mühle bilden kann, wobei in dieser immer die Mittelposition enthalten sein muss. Es ist deshalb ratsam, immer die Mittelposition einzunehmen, was für den Spieler, der zuerst setzen darf, von Vorteil ist.

Für den Spieler, der nicht mit dem Setzen beginnt, muss das Ziel deshalb darin bestehen, den Gegner so zu umkreisen, dass dieser, angesichts fehlender Zugalternativen, gezwungen ist, seinen Stein aus der Mittelposition zu bewegen.

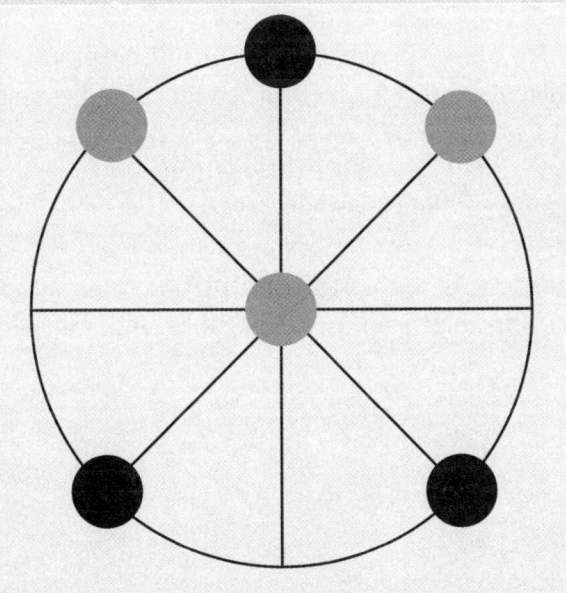

Pasch

Dieses Spiel eignet sich für beliebig viele Personen.

Bei den Germanen wurden Würfel aus Terrakotta, Bronze, Knochen, Glas und sogar aus Gold, Bernstein und Elfenbein hergestellt. Außer den uns heute bekannten sechsflächigen Würfeln gab es noch andere Würfelformen wie Stäbe, pyramidenförmige und figurenähnliche Würfel. Es wurden bereits Würfelbecher eingesetzt, um dem Betrug vorzubeugen.

Die Würfel wurden hauptsächlich für das eigentliche Würfelspiel verwendet, aber auch für Brettspiele und zum Wahrsagen benutzt.

Ziel des Spiels

Wer die meisten Punkte erzielt, gewinnt.

Man benötigt

Zum Spiel benötigt man 3 Würfel, Papier und Stift.

Das Spiel

Vor Spielbeginn sollten zuvor die Spieldauer bzw. die Würfel-Durchgänge zwischen den Spielern abgesprochen werden.

Die Spieler würfeln nacheinander mit jeweils 3 Würfeln. Der Spieler, der mit einem Wurf einen Pasch (dreimal die gleiche Zahl) würfelt, hat gewonnen.

Nur die Paschwürfe zählen. Die Augen werden notiert und wer die meisten Punkte würfelt, hat das Spiel gewonnen.

Der Hund

Dieses Spiel ist für 4 bis 10 Spieler geeignet.

Dieses relativ einfache historische Spiel wurde mit Sicherheit von den Germanen gerne und reichlich gespielt. Ob auch die Wikinger vom Hund „gebissen" wurden?

Ziel des Spiels

Den „Pott" (Spieleinsatz) zu gewinnen.

Man benötigt

3 Würfel und Spielmünzen.

Das Spiel

Jeder Spieler legt als Einsatz (Pott) 3 Spielmünzen vor sich auf den Spieltisch ab. Die Würfel machen die Runde, jeder Spieler darf dreimal würfeln.

Spieler, die dreimal die Eins würfeln, zahlen 3 Münzen in den „Pott" und scheiden aus.

Sieger einer Partie ist der Spieler, der keinen 3er-Wurf mit Eins hatte, also seine 3 Münzen noch hat. Er gewinnt auch den „Pott".

60 Plus

Bei diesem Spiel können 4 bis 10 Spieler den Würfel rollen lassen.
60 Plus ist ein historisches Würfelspiel und dürfte auch für die Germanen in jener Zeit sehr verlockend gewesen sein.

Ziel des Spiels

Möglichst die Punktzahl 60 zu erreichen, dazu sind mehrere Spielrunden notwendig.

Man benötigt

1 Würfel sowie Papier und Stift.

Das Spiel

Jeder Spieler darf so oft würfeln, wie er möchte, dabei muss er so nah wie möglich an die Punktzahl 60 kommen. Die Würfelergebnisse werden addiert und notiert.

Wer über 60 Punkte erreicht, scheidet aus, und bei einem Wurf mit der Zahl 3 verfallen alle bisherigen Punkte und man muss den Würfel an den nächsten Mitspieler abgeben. Gewinner ist, wer in einer Runde am ehesten die Punktzahl 60 erreicht.

Die magischen Sechsen

Ein Spiel für 4 bis 12 Spieler

Der „Glückswurf", mit einem Wurf dreimal die Sechs zu würfeln, ist ein risikoreiches altes Würfelspiel.

Da die Germanen richtige Hasardeure in Sachen Glückspiel waren, ist anzunehmen, dass sie bei diesem Spiel ebenfalls sehr viel riskierten.

Ziel des Spiels

Als erster 3 Sechsen zu würfeln.

Man benötigt

3 Würfel und Spielgeld. Die Höhe der Geldeinsätze muss vor Spielbeginn festgesetzt werden.

Das Spiel

Die Spieler legen ihre Geldeinsätze zu gleichen Teilen in die Mitte des Spielfeldes ab.

Jeder Spieler würfelt mit 3 Würfeln jeweils einmal. Die Spieler würfeln nacheinander so lange, bis einer als Erster 3 Sechsen wirft. Wem das gelingt, der gewinnt den „Pott".

Treppenlauf

Dieses Spiel ist für 2 bis 6 Personen geeignet.

Dieses Würfelspiel wurde bereits vor Jahrhunderten von germanischen Bürgern begeistert gespielt. Möglicherweise konnten sich auch die Wikinger dafür begeistern. Mit Sicherheit haben die Spieler in jener Zeit Anreize in Geldbeträgen geschaffen. Wenn Sie mögen, können auch Sie Geldeinsätze tätigen.

Ziel des Spiels

Als erster Spieler die oberste Treppenstufe zu erreichen.

Man benötigt

1 Würfel sowie 1 Tableau mit einer Abbildung wie auf S. 64.

Das Spiel

Der Würfel macht die Runde, jeder Spieler darf einmal würfeln und entsprechend der Augenzahl am Treppenlauf teilnehmen.

Beispiel

Zeigt der Würfel die Augenzahl 1, darf der Spieler eine Stufe hochgehen.

Augenzahl 2
Alle Spieler gehen 1 Stufe höher.

Augenzahl 3
Der Spieler darf 3 Stufen hochgehen.

Augenzahl 4
Alle Spieler gehen 1 Stufe nach unten.

Augenzahl 5
Der jeweilige Spieler darf einen Mitspieler seiner Wahl 1 Stufe nach unten schicken.

Augenzahl 6
Der jeweilige Spieler muss 1 Runde aussetzen.

Der Spieler, der als Erster die oberste Treppenstufe erreicht hat, ist Sieger dieser Spielrunde.

Steinchenfangen

Dieses Spiel wird mit 2 Personen gespielt.

Vermutlich zeichneten germanische Söldner das Spielfeld einfach auf den Sandboden. Kleine, in der Farbe unterschiedliche Steinchen waren rasch gefunden und dann konnte es losgehen.

Ziel des Spiels

Die meisten Spielsteine zu gewinnen.

Man benötigt

32 Spielsteine, 16 helle und 16 dunkle. Das Spielfeld besteht aus 8 x 8 quadratischen Feldern. Jeder Spieler bekommt 16 Steine, der eine helle, der andere dunkle.

Das Spiel

Die Steine werden in je zwei geschlossene Reihen an den gegen-überliegenden Seiten des Spielfelds angeordnet.

Abwechselnd ziehen die Spieler je einen Stein, waagerecht oder senkrecht und ein Feld nach vorne, aber nicht diagonal. Wer einen gegnerischen Stein mit zwei eigenen Steinen umrahmt (entweder vertikal, horizontal oder diagonal), darf den gegnerischen Stein vom Feld nehmen. Das Springen mit den Steinen ist nicht erlaubt. Gewonnen hat der Spieler, der die meisten Steine seines Gegners erbeuten konnte.

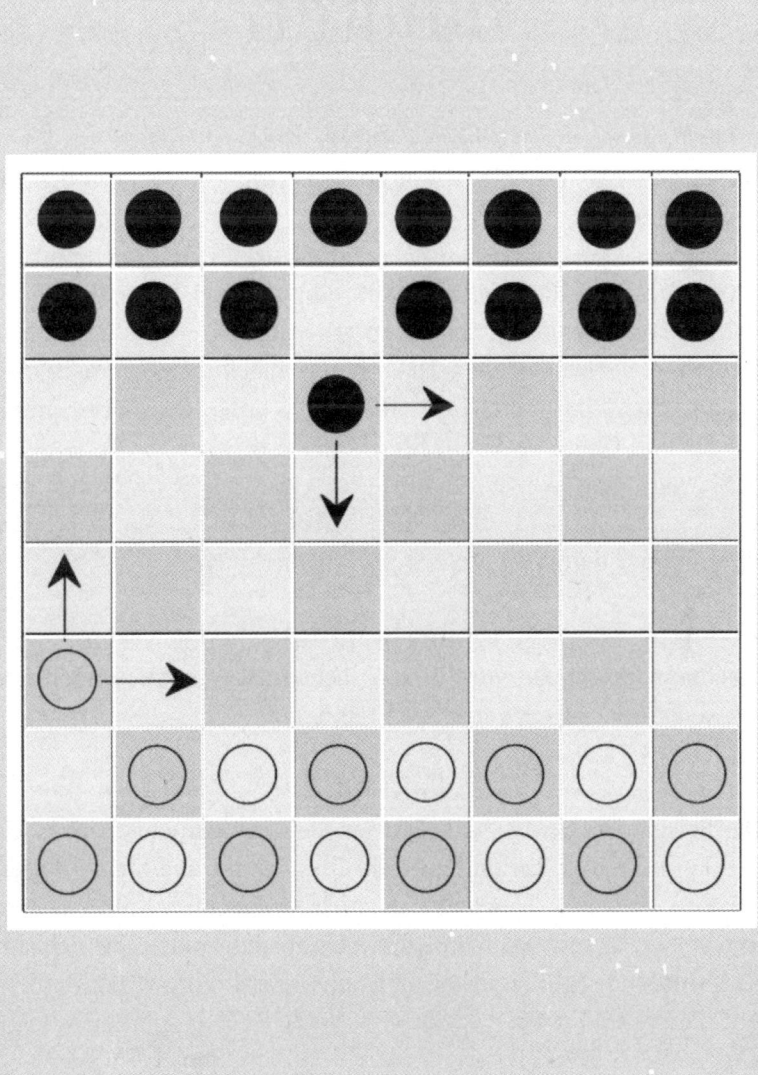

Halatafl

Ein Spiel für 2 Personen

Dieses alte Wikingerspiel wurde in jener Zeit von Groß und Klein gerne gespielt.

Unter der Bezeichnung „Halatafl" gibt es zwei unterschiedliche Spiele. Welches den Namen zuerst trug, ist nicht mehr mit Sicherheit nachvollziehbar. Hier ist das mächtigere Strategiespiel erklärt, nicht das einfachere, das auch unter der Bezeichnung „Fuchs und Gänse" bekannt ist.

Ziel des Spiels

Dem Gegner möglichst viele Steine abzunehmen.

Man benötigt

Spielbrett bestehend aus 7 x 7 Feldern (49 Vertiefungen), je 22 weiße und 22 schwarze Spielsteine.

Das Spiel

Die Spielsteine werden auf dem Spielfeld so aufgebaut, dass die 4 Eckpunkte und das mittlere Feld frei bleiben. Die Steine dürfen vorwärts, sowohl waagerecht als auch senkrecht, vorrücken, aber immer nur um ein Feld. Auf den diagonalen Linien, die sich auf dem mittleren Feld kreuzen, darf auch schräg vorgerückt werden. Auf die Eckpunkte darf jedoch kein einfacher Zug getätigt werden.

Weiß beginnt das Spiel mit einem Zug auf das mittlere Feld und damit startet sofort die gegenseitige Vernichtung. Gegnerische Steine werden durch Überspringen geschlagen. Dabei können die Spielsteine in jede Richtung, auch rückwärts, bewegt werden. Wie beim Dame-Spiel kann eine Folge von Übersprüngen inszeniert werden. Übersprungene gegnerische Steine sind geschlagen und werden aus dem Spiel genommen. Auch eigene Steine können übersprungen werden – natürlich verbleiben diese im Spiel, aber so können überraschende Züge erfolgen. Ein springender Stein darf auf Eckfeldern kurz Halt machen. Spätestens im nächsten Zug muss er aber dieses Feld wieder verlassen. Wer weniger als 5 Steine auf dem Brett liegen hat, hat die Schlacht verloren.

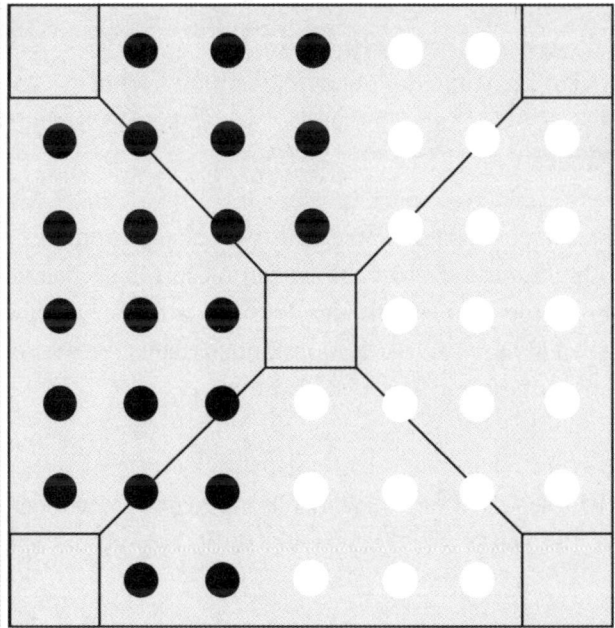

Das Hauptmannspiel

Ein Strategiespiel für 2 Personen

Grundsätzlich lassen sich die Ursprünge von Brettspielen bis ins 3. Jahrhundert vor Christus zurückverfolgen und von dort fanden Brettspiele ihren Weg bis ins Mittelalter. Das folgende Spiel kann also demnach sowohl von germanischen Hauptmännern wie von seefahrenden Wikingern gespielt worden sein.

Ziel des Spiels

Die Hauptmänner oder im Gegenzug die Angreifer zu schlagen.

Man benötigt

1 Blatt Papier, um das Spielfeld aufzuzeichnen, 24 weiße Spielsteine für die Angreifer und 2 schwarze Spielsteine für die Hauptmänner.

Ein Teil des kreuzförmigen Spielfelds wird als Festung ausgewiesen (in der Abbildung mit einer schwarzen dicken Linie markiert). Die Angreifer werden außerhalb der Festung auf die 24 Spielfelder platziert (weiße Kreise). Die Hauptmänner (schwarze Kreise) haben innerhalb der Festung freie Platzwahl.

Das Spiel

Ein Spieler spielt die 2 verteidigenden Hauptmänner, der andere die 24 Angreifer. Der Spieler, der die Angreifer spielt, beginnt das Spiel.

Es wird abwechselnd gezogen. Die Angreifer dürfen ausschließlich auf ein benachbartes Feld und auch nur in Richtung der Festung ziehen. Die Hauptmänner dürfen sich zwar ebenfalls nur einen Schritt bewegen, allerdings haben sie freie Richtungswahl und können zudem die Angreifer schlagen. Dafür springt der Hauptmann über einen Belagerer auf dem Nachbarfeld, muss aber auf einem freien Platz hinter diesem landen. Der übersprungene Stein wird vom Brett genommen. Es besteht Schlagzwang für die Hauptmänner. Geschieht dies nicht, wird er vom Brett genommen. Die Angreifer gewinnen, wenn sie die Hauptmänner so umstellt haben, dass diese sich nicht mehr bewegen können. Haben dagegen die Hauptmänner so viele Belagerer geschlagen, dass sie nicht mehr umstellt werden können, war ihre Verteidigung erfolgreich.

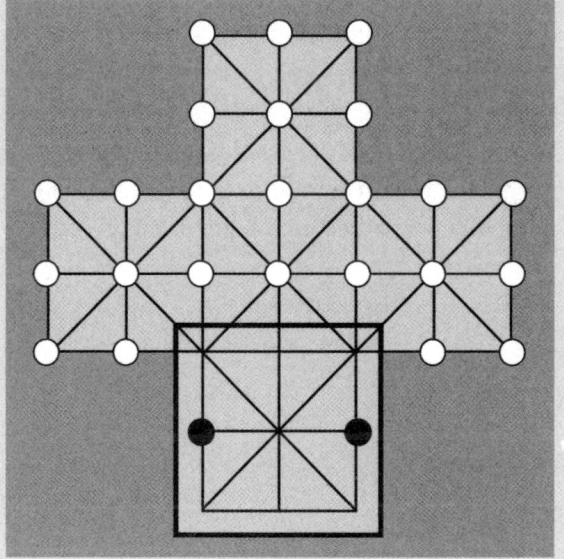

Einhundert

Für 2 bis 6 Spieler

Die Germanen glaubten daran, dass ihnen deutlich gezeigt wurde, wenn die Götter sie nicht mehr liebten und ihnen das Glück beim Spiel entzogen.

Ziel des Spiels

Als erster Spieler die Zahl 100 zu erreichen.

Man benötigt

Stift, Papier und 1 Würfel.

Das Spiel

Jeder Spieler würfelt einmal mit einem Würfel. Der Würfel geht reihum. Spielstart ist die Augenzahl Eins, das heißt, jeder muss erst eine Eins würfeln, damit er am Spiel teilnehmen kann. Jede Zahl, die man nach der Eins wirft, wird mit zwei multipliziert.

Die Ergebnisse werden notiert und addiert. Sieger ist, wer als Erster die Zahl 100 erreicht hat.

Einunddreißig

Für 4 bis 8 Spieler

Mit der Christianisierung wurde insbesondere die Spielleidenschaft der germanischen Völker domestiziert. Jedoch schwelte die alte Spielleidenschaft weiter.

Ziel des Spiels

So nah wie möglich an die 31 zu gelangen.

Man benötigt

Stift, Papier und 3 Würfel.

Das Spiel

Gespielt wird reihum. Jeder hat hintereinander 3 Würfe mit jeweils 3 Würfeln. Dabei sollte die Zahl 31 erreicht werden. Die Anzahl der Augen wird notiert.

Wenn beim ersten Wurf die Summe sehr hoch ist, kann man bei den nächsten beiden Würfen 1 oder 2 Würfel auslassen. Ist die Summe am Ende zu niedrig, darf man noch ein viertes Mal werfen. Aber wer über 31 hinauskommt, scheidet aus.

Kommt kein Spieler auf 31, gewinnt, wer am nächsten an der 31 ist!

Lustige Sieben

Spielen können beliebig viele Personen.
Dieses historische Hazardspiel dürfte sowohl von Germanen als auch von Wikingern gespielt worden sein.

Ziel des Spiels
Die Spieleinsätze zu gewinnen.

Man benötigt
2 Würfel, Münzen oder Spielmarken.
Das Spielfeld (siehe Abbildung) kann man auf ein Tableau oder auf Papier aufmalen.

Das Spiel
Zuerst wird unter den Spielern der Bankhalter ermittelt. Aus Gründen der Fairness sollte jeder Spieler mindestens einmal Bankhalter sein.

Die Spieler setzen ihre Einsätze auf beliebige Zahlen. Der Bankhalter würfelt und zahlt nach Zusammenrechnung der Augenzahlen die Einsätze wie folgt aus:

Fallen z. B. 6 Augen, so gewinnt der Satz auf 6 doppelt und die auf 2, 4, 9, 11 einfach, während 7, 3, 5, 8, 10, 12 verlieren. Wenn die Sieben fällt, dann zahlt die Bank den auf 7 stehenden Satz dreifach aus und zieht alle anderen Einsätze ein.

Variante

Es kann auch so gespielt werden, dass immer nur ein Mitspieler gegen den Bankhalter wettet. Das bedeutet für die weiteren Mitspieler, dass sie länger warten müssen, bis sie an der Reihe sind. Dies hat aber auch seinen Reiz, denn dadurch steigert sich auch die Spannung.

7

2	3
4	5
6	8
9	10
11	12

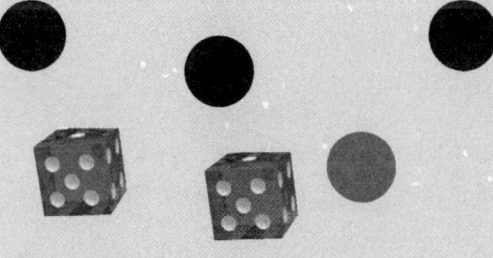

Würfelkampf

Dieses Spiel ist für eine beliebige Anzahl von Spielern geeignet.
Dieses sehr alte Würfelspiel wurde so vielleicht schon von den nordischen Seemännern gespielt.

Ziel des Spiels
Eine möglichst geringe Punktzahl zu erreichen.

Man benötigt
2 Würfel, Papier, Stift und Spielmünzen pro Mitspieler.

Jeder Spieler erhält ein Blatt Papier und zeichnet darauf 9 Quadrate mit den Zahlen 1 bis 9.

Das Spiel
Es wird abwechselnd gewürfelt. Wer am Zug ist, hat zwei Möglichkeiten, entweder er deckt die beiden gewürfelten Zahlen mit einem Spielchip auf seinem Spielfeld einzeln ab. Oder er zählt die Augen der beiden Würfelergebnisse zusammen und deckt diese Zahl auf dem Spielfeld ab.

Beispiel:
Ein Spieler würfelt 2 und 4 Augen. Jetzt kann er entweder die 2 und die 4 auf dem Spielfeld abdecken.

Oder er zählt 2 und 4 zusammen und deckt die 6 ab. Solange der jeweilige Spieler zwischen diesen beiden Möglichkeiten wählen kann, darf er weiterspielen, ansonsten muss er die noch offen stehenden Felder zusammenzählen und auf seinem Block notieren, zudem muss er die Würfel an den rechten Nachbarspieler weitergeben.

Würfelt ein Spieler die Kombinationen 5-5 oder 6-6, ist die Runde für ihn sofort beendet und er „kassiert" sofort 45 Punkte. Jeder weitere Pasch – also 1-1, 2-2, 3-3, 4-4 – kann nur der Gesamtsumme zugeordnet werden, da ja beide Würfelergebnisse abgedeckt werden müssen. Auch die Würfelkombinationen 4-6 und 5-6 bieten nur eine Abdeckungsmöglichkeit, weil sie zusammengezählt zu hoch sind.

Nach einer zuvor festgelegten Rundenzahl, werden die Spielergebnisse addiert und gewonnen hat der Spieler mit der niedrigsten Gesamtpunktzahl.

Geben und nehmen

Hier können beliebig viele Personen mitspielen.

Dieses alte Glücksspiel ist ein gutes Beispiel dafür, was die Spielfreudigen der damaligen Zeit in einem Spiel riskieren konnten.

Ziel des Spiels

Möglichst viele Münzen zu gewinnen.

Man benötigt

1 Würfel und Spielmünzen.

Das Spiel

Jeder Spieler legt 1 Münze in die Spielmitte, in den „Pott" Der Startspieler beginnt, dann wird im Uhrzeigersinn weitergespielt, wobei der Würfel die Runde macht.

Wird eine Eins gewürfelt, muss der jeweilige Spieler 1 Münze in den „Pott" zahlen.

Bei einer Zwei muss er 2 Münzen in den „Pott" legen.

Bei einer Drei müssen alle Spieler 1 Münze in den „Pott" einzahlen.

Würfelt ein Spieler eine Vier, darf er sich 1 Münze aus dem „Pott" nehmen.
Bei einer Fünf darf er sich 2 Münzen nehmen.

Bei einem 6er-Wurf dürfen sich alle Spieler 1 Münze aus dem „Pott" nehmen.

Das Spiel endet, wenn ein Spieler alle Münzen verloren hat. Gewinner ist, wer die meisten Münzen gewonnen hat.

Gute Kombination

Hier können 4 bis 10 Spieler teilnehmen.

Dieses sehr alte Spiel wurde in dieser Form bereits vor Jahrhunderten gespielt. Nicht selten ging es dabei um mehr als nur ein verlorenes Spiel, denn ein „leergespielter" Geldbeutel konnte für den Besitzer weitreichende Konsequenzen bedeuten.

Ziel des Spiels

Möglichst gute Wurf-Kombinationen zu würfeln und somit viel Spielgeld zu erlangen.

Man benötigt

3 Würfel und Spielmünzen.

Das Spiel

Es wird in 3 Runden gespielt, wobei vor jeder Runde die Spieler jeweils 1 Münze in den „Pott" einzahlen. Die Würfel machen die Runde, wobei jeder Spieler zweimal würfeln darf. Der Spieler, der pro Runde die höchste Würfel-Kombination wirft, gewinnt den Pott.

Mögliche Wurf-Kombinationen

Paar: 2 Würfel mit der gleichen Augenzahl.

Drilling: 3 Würfel mit der gleichen Augenzahl.

Straße: 3 Würfel in aufsteigender Reihenfolge, z. B. 1-2-3, 2-3-4, 3-4-5, 4-5-6

Der Spieler kann selbst entscheiden, wie viele Würfel er bei seinem zweiten Wurf liegen lässt bzw. wieder ins Spiel nimmt.

Schönwetterspiele

Spiele für draußen mit Ball, Nüssen und anderen Gegenständen.

Die Menschen zu Zeiten der Germanen und der Wikinger hielten sich sehr viel im Freien auf. Es liegt daher nahe, dass sie auch ihre Spiele auf Feld und Wiese abhielten. Der Wettkampf stand auch hier an erster Stelle und es ist zu vermuten, dass es bei diesen Spielen recht rau zuging.

Kubb

Dieses Mannschaftsspiel wird mit 4 bis 12 Spielern gespielt.

Bereits die weitgereisten Wikinger haben sich mit diesem Spiel die Zeit vertrieben. Wahrscheinlich ging es hier weitaus härter zu, denn möglicherweise spielten die Wikinger Kubb mit Äxten, was durchaus für Verletzungen sorgen konnte.

Heutzutage werden sogar Kubb-Weltmeisterschaften ausgetragen.

Man benötigt

Eine ebene Fläche von mindestens 5 x 8 m (Rasen, Sand, Stein), 6 massive Rundhölzer („Wurfhölzer", etwa 30 cm lang und 4 cm dick), 10 Holzklötze („Kubbs", etwa 20 cm hoch), einen „König", ein etwa 30 cm hoher und etwa 9 x 9 cm runder Holzklotz mit eingeschnitzter Krone, sowie 4 Pflöcke zur Spielfeldmarkierung.

Die Aufstellung

Es werden 2 Mannschaften mit jeweils höchstens 6 Spielern aufgestellt. Jede Gruppe hat das Ziel, die Holzklötze der Gegner, die Kubbs, mit Wurfhölzern zu treffen und umzuwerfen. Der König in der Mitte des Spielfelds darf erst umgeworfen werden, wenn kein anderer Kubb mehr steht.

Das Spielfeld

Die Klötze werden, wie auf der Abbildung auf Seite 87 ersichtlich, auf der Grundlinie des Spielfelds positioniert. Der König wird exakt in die Mitte der Mittellinie gestellt und an jeder Grundlinie werden 5 Holzklötze im gleichen Abstand zueinander ausgerichtet. Das Spielfeld wird von 4 Eckpflöcken begrenzt.

Spielbeginn

Die Mannschaften stellen sich hinter der Grundlinie auf. Bevor das Spiel losgeht, muss z. B. durch Münzwurf entschieden werden, welche Mannschaft beginnt. Eine andere Möglichkeit: Jede Gruppe wirft einen Wurfstock von der Grundlinie aus so dicht wie möglich an den König. Wer am nächsten dran ist, beginnt das Spiel. Die Wurfhölzer müssen stets von der Grundlinie aus geworfen werden, und zwar von unten mit der Längsachse in Wurfrichtung. Schleuderwürfe sind tabu. Das gilt für den gesamten Spielverlauf. Jede Mannschaft bekommt 6 Wurfhölzer.

Das Spiel

Die erste Mannschaft wirft die 6 Wurfhölzer von der Grundlinie aus und versucht, die gegnerischen Kubbs zu treffen. Wurden alle 6 Wurfhölzer geworfen, ist die gegnerische Mannschaft an der Reihe. Zuerst übergibt sie die in ihrer Spielhälfte umgefallenen Kubbs, indem sie diese in das Spielfeld der ersten Mannschaft wirft. Die erste Mannschaft stellt diese sogenannten Feldkubbs dann wieder senkrecht auf – und zwar dort, wo diese gelandet sind. Schafft es der Werfer zweimal nicht, den Kubb in das Feld der zuerst gespielten Mannschaft zu werfen, darf diese den Kubb selbst platzieren. Die Regel besagt, dass dabei ein Mindestabstand von einer Wurfholzlänge zum König und zum Eckpfosten eingehalten werden muss. Wird beim Zurückwerfen der König getroffen, endet das Spiel sofort und die Mannschaft des Werfers hat verloren.

Bevor nun die Spieler der zweiten Mannschaft damit beginnen können, die Figuren auf der Grundlinie der ersten Mannschaft umzuwerfen, müssen sie zuerst die vormals eigenen aufgestellten Feldkubbs umwerfen. Schafft die Gruppe dies nicht, bekommt die erste Mannschaft einen wichtigen Vorteil. Sie darf, so die Regel, die Abwurflinie nach vorn verlegen und zwar auf die Höhe des vordersten Kubbs. So geht das Spiel wechselseitig weiter. Sobald eine Mannschaft alle gegnerischen Feld- und Basiskubbs umgeworfen hat, darf sie von der Grundlinie auf den König werfen. Wirft man ihn um, hat man gewonnen.

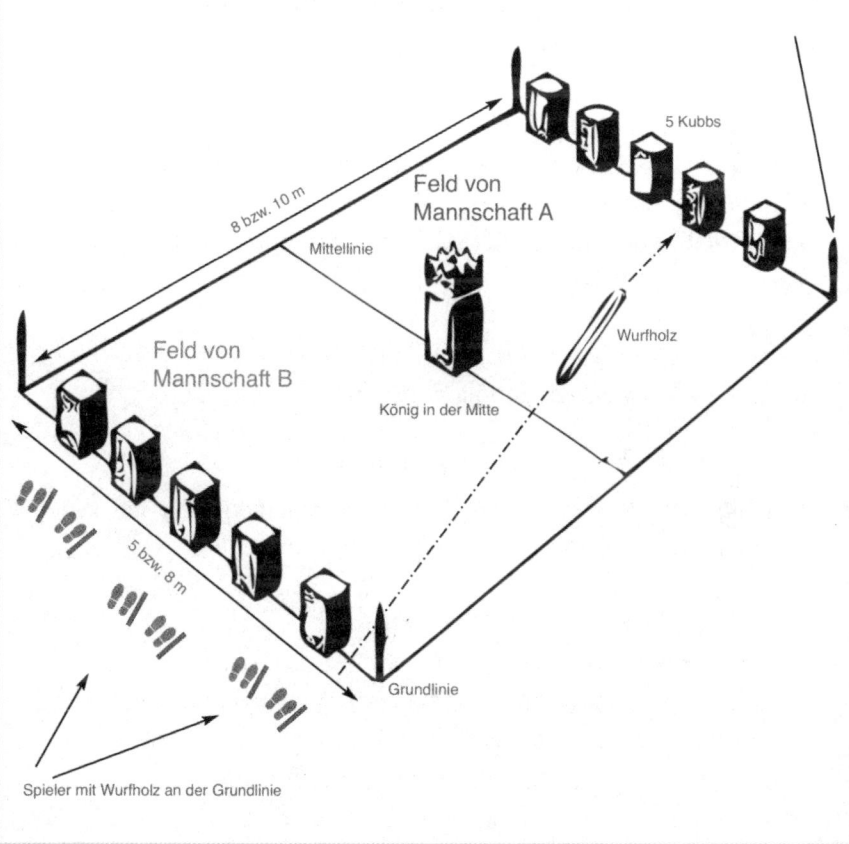

8 bzw. 10 m

Mittellinie

Feld von
Mannschaft A

5 Kubbs

Wurfholz

Feld von
Mannschaft B

König in der Mitte

5 bzw. 8 m

Grundlinie

Spieler mit Wurfholz an der Grundlinie

Kirschkern-weitspucken

Bei diesem Spiel können beliebig viele Personen mitspucken.
Die ersten Edelkirschen wurden bereits etwa 100 Jahre nach Christus in Europa kultiviert. Als lustiger und zudem leckerer Zeitvertreib können dieses Spiel deshalb auch Germanen und Wikinger gespielt haben.

Ziel des Spiels
Kirschkerne so weit wie möglich zu spucken.

Man benötigt
Beliebig viele Kirschkerne und 1 freies Spielfeld, das mit einer Startlinie markiert ist.

Das Spiel
Die Mitspieler stellen sich an der Startlinie auf. Der Spieler, der das Spiel eröffnet, nimmt einen Kirschkern in den Mund und spuckt diesen soweit er kann in das Spielfeld. Der Spieler, der den Kern am weitesten spucken kann, hat das Spiel gewonnen.

Nagelschlagen

Beliebig viele Personen können an diesem Spiel teilnehmen.
Dieses Spiel war typisch für die starken Wikinger.

Ziel des Spiels

Den eigenen Nagel mit möglichst wenigen Schlägen ins Holz zu treiben.

Man benötigt

Lange Stahlnägel, 1 Holzklotz und 1 Hammer

Das Spiel

Die Nägel werden leicht in den Holzstamm geschlagen. Jeder Spieler stellt sich vor „seinem" Nagel auf. Die Spieler versuchen abwechselnd, mit möglichst wenigen Schlägen, ihren Nagel in den Holzstamm zu schlagen. Wer zuerst seinen Nagel „versenkt" hat, hat das Spiel gewonnen.

Spielregel: Die Nägel müssen gerade in den Holzstamm getrieben werden. Gekrümmte Nägel zählen nicht.

Tauziehen

Beliebig viele Personen können sich hier beim Kräftemessen üben.
Dieses Spiel war typisch für die starken Männer aus dem Norden.
Dicke Seile waren auf den Wikingerschiffen natürlich vorhanden,
und so konnten die wackeren Seefahrer schnell Mannschaften
bilden, um gegeneinander anzutreten.

Ziel des Spiels

Die gegnerische Mannschaft über die Ziellinie zu ziehen.

Man benötigt

Das Spielfeld sollte je nach Spielteilnehmerzahl entsprechend groß
und mit einer Mittellinie versehen sein.

Das Spiel

Als erstes müssen 2 Mannschaften aufgestellt werden. Ein ausge-
glichenes Kräfteverhältnis ist dabei zu beachten. Das Tau wird quer
zur Mittellinie gelegt. Dann stellen sich die Mannschafts-
mitglieder hintereinander auf und nehmen das Tau fest in die
Hände.

Alle Mitspieler ziehen auf ein Kommando gleichzeitig an dem Tau. Sieger ist die Mannschaft, der es gelingt, die gegnerische Mannschaft über die Mittellinie zu ziehen.

Dodelschach

Ein Spiel für 2 Personen

Dieses Spiel ist auch bekannt unter den Namen „Drei gewinnt", „Kreis und Kreuz" oder „Tic, Tac Toe". Es handelt sich hierbei um ein einfaches Strategiespiel für 2 Personen, dessen Ursprünge bis ins 12. Jahrhundert vor Christus reichen. Aufgrund seines „hohen" Alters ist davon auszugehen, dass es sowohl die Germanen als auch die Wikinger, einfach in den Sand geschrieben, spielten.

Ziel des Spiels

Das Ziel des Spiels ist, 3 eigene Spielsteine entweder senkrecht, waagerecht oder diagonal in eine Reihe zu setzen.

Man benötigt

1 Spielfeld bestehend aus 3 x 3 Feldern, 5 Spielsteine pro Person in unterschiedlicher Form oder Farbe. Im Sand kann man die Zeichen von Kreis und Papier mithilfe von Stöcken auch „aufzeichnen".

Das Spiel

Zuerst wird ermittelt, welcher Spieler mit welcher Farbe spielt und wer beginnt.

Die Spieler setzen abwechselnd je einen ihrer eigenen Steine auf ein Kästchen des Spielfeldes. Sobald es ein Spieler geschafft hat, eine Reihe zu bilden, hat er gewonnen und es können keine weiteren Spielsteine mehr gesetzt werden. Hat keiner der beiden Spieler das Ziel des Spieles erreicht, bevor alle Felder des Spielfeldes belegt sind, so hat keiner der beiden Spieler gewonnen. Das Spiel ist beendet und ein neues kann begonnen werden.

Variante: Das Spiel kann auch mit Stift und Papier gespielt werden. Auf einem Blatt Papier zeichnet man Felder auf (wie oben angegeben) und die Mitspieler benutzen anstelle von Spielsteinen Symbole wie ein X und ein O. Derjenige, dem es gelingt, seine Reihe zuerst aufzuzeichnen, hat gewonnen. Wenn allerdings beide Spieler optimal spielen, kann keiner gewinnen, und es kommt zu einem Unentschieden.

Abschießen

Hier können beliebig viele Personen mitspielen.

Wettkämpfe gehörten im Leben der Wikinger zum Alltag. Sie spielten, um zu gewinnen. Dieses Spiel wurde wahrscheinlich auch von den jungen Männern gerne gespielt, denn hier konnten sie ihre Zielgenauigkeit trainieren, die im Kampf natürlich sehr wichtig war.

Ziel des Spiels

Möglichst viele Nüsse einzustreichen.

Man benötigt

Holzstäbe (von etwa 30 cm Länge und etwa 8–9 cm Durchmesser), die an einer Seite etwas zugespitzt werden, Nüsse (am besten Walnüsse, die sind in der Größe am besten geeignet), kleine Steinchen.

Das Spiel sollte auf einem freien Spielfeld gespielt werden.

Das Spiel

Die Holzstäbe (Pflöcke) werden etwas schräg in einer Entfernung von 3–5 cm mit der Spitze in die Erde gesteckt.

Auf die obere Kante wird jeweils eine Nuss gelegt. Die Wurfordnung wird durch Auszählen ermittelt.

Einige Schritte vor den Holzpflöcken wird eine Wurflinie bestimmt. Um eine Verletzungsgefahr durch fliegende Steinchen auszuschließen, darf sich kein Spieler hinter der Wurflinie aufhalten.

Von der Wurflinie aus wird dann mit den Steinchen nach den Nüssen geworfen. Die Nüsse, die herunterfallen, gewinnt der Werfer. Sind alle Nüsse abgeschossen, wird von neuem gespielt.

Huckepack

Für 8 oder mehrere Spieler und einen Schiedsrichter

Die Germanen waren leidenschaftliche Ballspieler. Hoch begehrt als Rohmaterial für Spielbälle waren die Blasen von Schweinen, die aufgeblasen wurden, oder einfache lederne Bälle, die zum Beispiel mit Haaren, Stroh, Federn und Moosen ausgestopft waren. Auch bei den Wikingern wurden Ballspiele zum Vergnügen gespielt.

Ziel des Spiels

Möglichst wenige Strafpunkte zu erhalten.

Man benötigt

1 Ball und 1 ausreichend großes Spielfeld

Das Spiel

Die Spieler müssen Mannschaften bilden. 2 Spieler müssen dabei zusammen spielen, wobei 1 Spieler den anderen Huckepack nimmt. Zu Beginn gibt der Schiedsrichter einem Team den Ball und beide Mannschaften versuchen, sich den Ball zuzuwerfen, ohne dass sie ihn fallenlassen. Passiert dies trotzdem, gibt es einen Strafpunkt. Außerdem muss die Position des Huckepack beibehalten werden, sonst bekommt man einen Minuspunkt.

Gewonnen hat das Team mit den wenigsten Strafpunkten.

Tretze

Ein Mannschaftsspiel für 3 und mehrere Spieler

Dieses alte Wurf-, Fang- und Laufspiel ist eine ziemliche Herausforderung an die Fitness, weshalb es von den Wikingern sicherlich gerne gespielt wurde.

Ziel des Spiels

Möglichst selten in der Tretze zu landen.

Man benötigt

1 Ball (Handball) und 1 ausreichend großes Spielfeld.

Das Spiel

Bei mehr als 3 Spielern bilden die Werfer einen großen Kreis. Bei 3 Spielern stellen sich 2 Spieler in einem Abstand von etwa 10–15 m gegenüber auf. In die Mitte, die Tretze, stellt sich 1 Spieler.

Die Kreisspieler werfen sich den Ball immer wieder rasch zu. Sie dürfen sich dabei hin und her bewegen, also ihre Position verändern, aber nicht den Abstand zueinander. Der Spieler in der Mitte muss versuchen, den Ball im Flug zu erwischen.

Fängt er den Ball, wird er gegen den Spieler ausgetauscht, der den Ball geworfen hat, und das Spiel geht weiter. Ein berührter, aber nicht gefangener Ball gilt nicht als gefangen und der Spieler darf die Tretze nicht verlassen.

Wer am häufigsten in der Tretze landet, hat das Spiel verloren.

Tré-Bolti

Ein Spiel für 3 und mehrere Personen

Dieses alte Wurf-, Fang- und Laufspiel ist eine ziemliche Herausforderung an die Fitness, weshalb es von den Wikingern sicherlich gerne gespielt wurde. Auch bei diesem Spiel steht der Wettkampf im Vordergrund. Hier kann man nur mit Geschicklichkeit gewinnen.

Ziel des Spiels

Möglichst lange auf dem Holzklotz stehen zu bleiben.

Man benötigt

1 Holzklotz, auf dem man mit beiden Füßen stehen kann, 1 Ball und 1 Spielfeld.

Das Spiel

Der Holzklotz muss so auf den Boden gestellt werden, dass er fest steht und nicht wackelt. Ein Spieler muss sich auf diesen Holzklotz stellen.

Die übrigen Spieler müssen nun versuchen, den Spieler mit dem Ball von dem Klotz abzuwerfen.

Wenn der Spieler vom Klotz abgeworfen wird, tauscht er den Platz mit dem „Abwerfer". Sieger des Spiels ist derjenige, der sich am längsten auf dem Holzklotz halten konnte.

Reiðmennska leikur (Reiterspiele)

Ein Spiel für mindestens 4 Personen

Pferde spielten bei den Wikingern eine bedeutende Rolle. Sie waren zwar kein Reitervolk, jedoch war ihnen der Kampf zu Pferde bekannt. Auf ihren Raubzügen diente ihnen das Pferd zur schnellen Fortbewegung.

Ziel des Spiels

Möglichst als erster die Ziellinie zu erreichen.

Man benötig

Tücher zum Verbinden der Augen und 1 ausreichend großes Spielfeld.

Das Spiel

Vor Spielbeginn wird auf einer Strecke von etwa 10 m eine Markierung als Zielpunkt gesetzt. Es werden Teams mit je 2 Spielern gebildet, von denen einer die Augen verbunden bekommt und seinen Kameraden Huckepack nimmt.

Auf Kommando laufen die Mannschaften bis zur Markierung und wieder zurück zum Ausgangspunkt, wobei die Reiter ihr Pferd dirigieren müssen. Das Team, das als erstes wieder am Startpunkt ankommt, hat gewonnen.

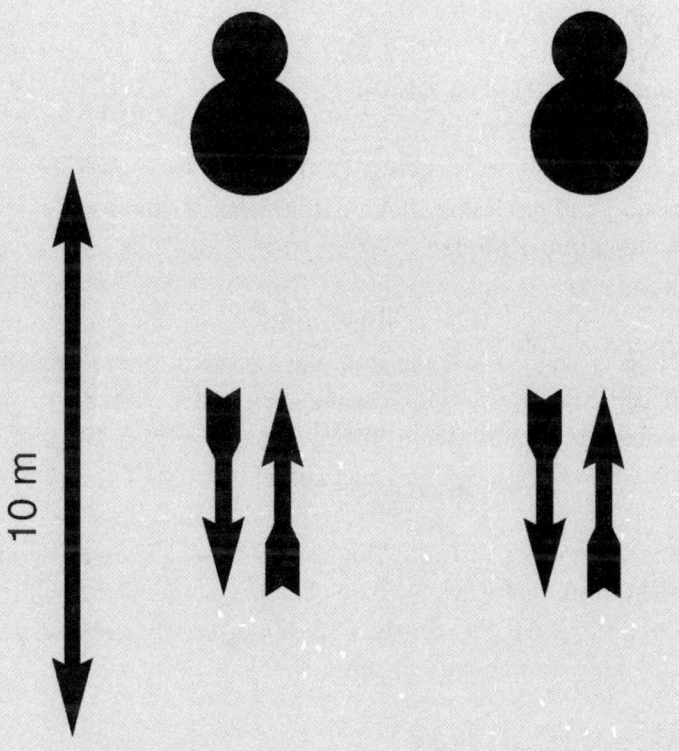

Rücken an Rücken

Ein schnelles Spiel für bis zu 20 Personen

Dieses alte Mannschaftsspiel kannten bereits die Germanen. Vielleicht spielten es auch die Wikinger.

Ziel des Spiels

Die meisten Punkte zu erreichen.

Man benötigt

1 ausreichend großes Spielfeld, das mit einer Ziellinie markiert werden muss, und 1 Münze.

Das Spiel

Die Spieler werden in 2 gleich große Mannschaften eingeteilt. Der Schiedsrichter bestimmt, welche Seite der Münze zu einer Mannschaft gehört. Beide Teams stellen sich in die Mitte des Spielfeldes mit dem Rücken zueinander.

Der Schiedsrichter wirft die Münze und nennt die Seite, die obenauf liegt. Das Team, dessen Seite genannt wurde, dreht sich schnell um und fängt die gegnerischen Spieler, die rasch reagieren und bis zur Ziellinie wegrennen müssen.

Jeder Spieler, der vor Erreichen der Linie gefangen wird, gilt als Punktgewinn der Fänger-Mannschaft. Sieger ist die Mannschaft mit den meisten Punkten. Voraussetzung dafür ist, dass jedes Team mindestens einmal Fänger war.

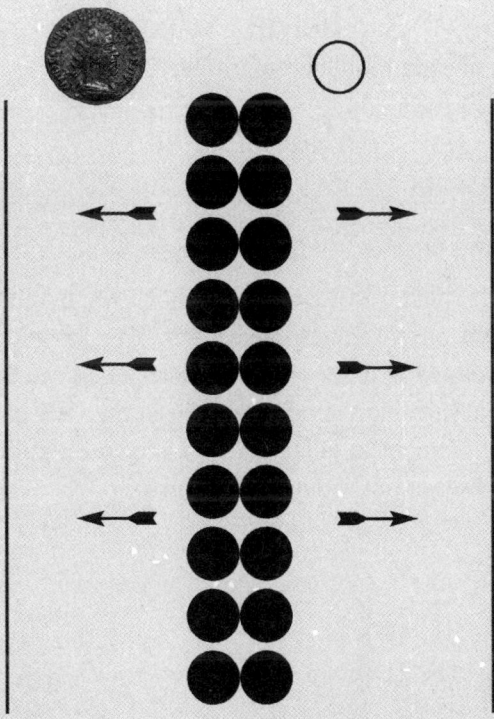

Ballhochwerfen

Für beliebig viele Spieler

Dieses einfache Spiel mit dem Ball erfordert Geschicklichkeit und Kraft – etwas von dem die kampferprobten Germanen, aber auch die Wikinger sehr viel besaßen.

Ziel des Spiels

Den Ball so oft wie möglich aufzufangen.

Man benötigt

1 Ball.

Das Spiel

Der jeweilige Spieler wirft den Ball so hoch wie möglich nach oben und fängt ihn anschließend wieder auf. Wer ihn nicht auffangen kann, scheidet aus und der nächste Spieler ist an der Reihe. Wichtig ist jedoch, dass der Ball wirklich kräftig in die Luft geworfen wird, so dass es auch nicht zu leicht ist, ihn wieder aufzufangen. Sieger ist, wer den Ball am meisten gefangen hat.

Stockwettstreit

Ein rasantes Spiel für 4 bis 8 Spieler

Vielleicht brachten sich die Wikinger bei diesem Spiel, wie vor einem Kampf üblich, durch lautes Schlagen auf ihre Schilde in Kampfstimmung.

Ziel des Spiels

Möglichst viele „Tore" zu schießen.

Man benötigt

1 ausreichend großes Spielfeld, 1 kleinen Ball und für jeden Spieler 1 Stock von etwa 60 cm Länge. Der Stock darf auch länger sein, das muss aber von den Spielern zuvor abgesprochen werden.

Das Spiel

Es werden auf dem Spielfeld eine Mittellinie und 10 m links und rechts von ihr je eine Tor-Linie markiert. Die Spieldauer muss festgelegt werden. Zu Beginn des Spiels legt man einen kleinen Ball auf die Mittellinie. Jeder Spieler hält einen Stock in der Hand und versucht, mit ihm den Ball bis zur gegnerischen Tor-Linie zu bugsieren und ein Tor zu schlagen. Wer dies am häufigsten geschafft hat, ist der Gewinner.

Moberle

Gespielt wird mit beliebig vielen Personen.

Hier ist Treffsicherheit gefragt, was gerade bei den kriegerischen Auseinandersetzungen der kampferprobten Germanen und der „wilden" Wikinger wichtig war.

Man benötigt

1 fingerdickes etwa 10 cm langes Holzstäbchen, 1 Schlagholz und 1 freies Spielfeld mit einem Baumstumpf.

Das Spiel

Das Holzstäbchen wird auf einen Baumstumpf gelegt, so dass ein möglichst großer Teil über die Auflagefläche herausragt.

Das Spiel wird abwechselnd gespielt, wer anfangen darf, muss ermittelt werden.

Mit dem Schlagholz schlägt der Spieler kräftig auf das überstehende Ende des Stäbchens. Der Schlag sollte so geschickt ausgeführt werden, dass das Stäbchen in einem weiten Bogen wegfliegt. Gewonnen hat, wessen Hölzchen am weitesten geflogen ist.

Nagel-und-Seil-Spiel

Für 4 bis 12 Spieler

Dieses alte Spiel macht durstig, und vielleicht leerte so mancher Wikinger danach sein Trinkhorn.

Ziel des Spiels

Möglichst schnell einen Mitspieler zu fangen.

Man benötigt

1 Hammer, 1 langen kräftigen Nagel und 1 Stück Kordel.

Das Spiel

Der Nagel wird in die Erde geschlagen und die Kordel wird an den Nagel geknotet. Ein Spieler nimmt das Ende der Kordel in die Hand und zieht es möglichst straff. Er versucht, die anderen Spieler, die um ihn herumlaufen, zu fangen, ohne dabei die Kordel loszulassen.

Ein gefangener Spieler muss nun die Kordel festhalten und das Spiel beginnt von vorn.

Spiele für Groß und Klein

Kinder lieben es von klein auf zu spielen. Die Kinder der Germanen und Wikinger hatten keine leichte Kindheit. Sie waren einem harten und wenig kindgerechten (aus heutiger Sicht) Zeitalter ausgesetzt. Sie spielten aber bereits mit Puppen, Holzwaffen, Bällen etc. Natürlich stand auch beim Spiel mit Kindern der Wettkampf an erster Stelle, aber selbstverständlich auch Spaß und Unterhaltung.

Nüsse versenken

Für beliebig viele Spieler

Ein altes Spiel, das keine großen „Anschaffungen" und Vor-kehrungen nötig macht/e.

Ziel des Spiels

Möglichst viele Nüsse zu ergattern.

Man benötigt

Nüsse.

Das Spiel

Vor Spielbeginn gräbt man 10 Mulden in die Erde. Alle Spieler erhalten je 10 Nüsse, gespielt wird nacheinander. Der jeweilige Spieler muss nun versuchen von einer zuvor festgelegten Startposition aus je 1 Nuss in 1 Mulde zu rollen.

Gewinner ist, wer die meisten Nüsse in den Löchern versenkt hat.

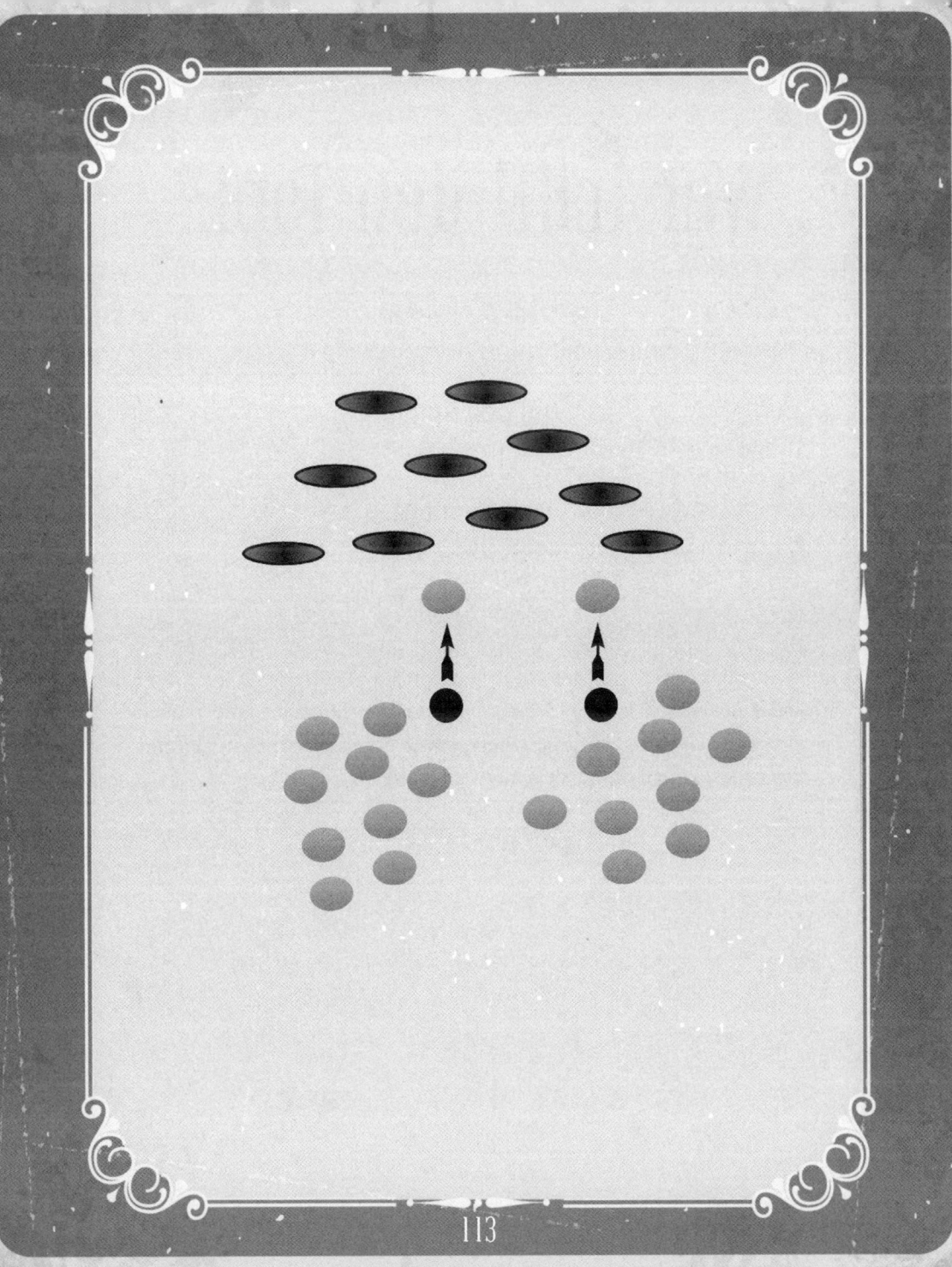

Wer trifft den Topf?

Für 2 und mehrere Spieler
Dieses alte Spiel benötigt einige Treffsicherheit.

Ziel des Spiels
Die meisten Treffer zu erzielen.

Man benötigt
Nüsse in ausreichender Menge und 1 Topf.

Das Spiel
Der Topf wird in einiger Entfernung von den Spielern aufgestellt.

Jeder postiert sich an einer vorgezeichneten Startlinie und nacheinander wird versucht, die eigenen Nüsse in den Topf zu werfen. Sieger ist derjenige mit den meisten Treffern.

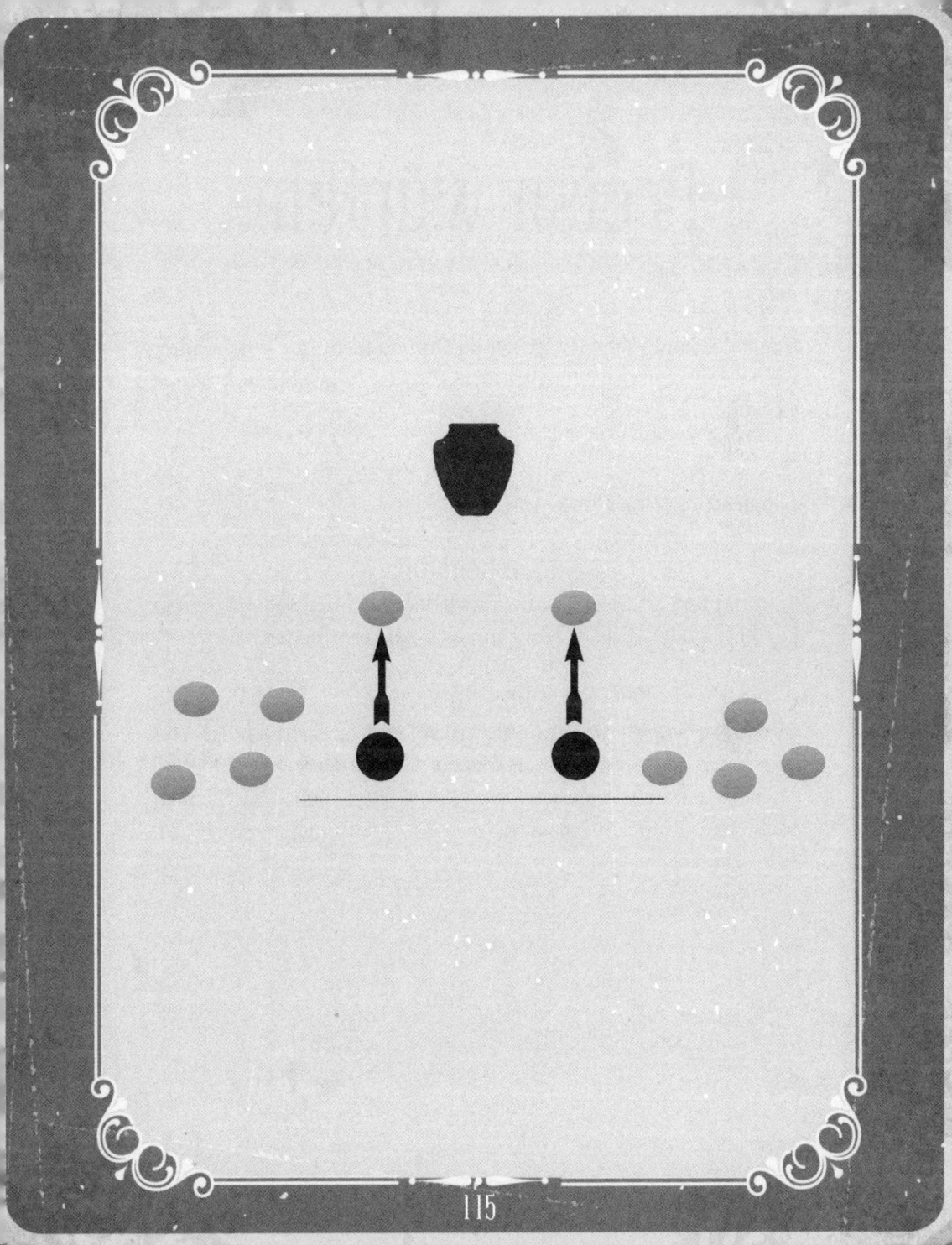

Preise würfeln

Für 5 bis 10 Spieler

Germanen und Wikinger hatten im Grunde nichts zu verschenken, weshalb dieses Spiel sicherlich den Ehrgeiz zu gewinnen in ihnen weckte.

Ziel des Spiels

Möglichst viele Geschenke einzustreichen.

Man benötigt

1 Würfel und als Spieleinsatz muss jeder einen Gegenstand, den er entbehren oder verschenken kann, auf den Tisch legen.

Das Spiel

Die Spieler würfeln jeweils mit 1 Würfel einmal nacheinander. Wer eine Sechs wirft, darf sich einen der Gegenstände, die auf dem Tisch liegen, als Geschenk aussuchen und behalten. Bleiben Sachwerte übrig, dürfen die jeweiligen Eigentümer es wieder an sich nehmen.

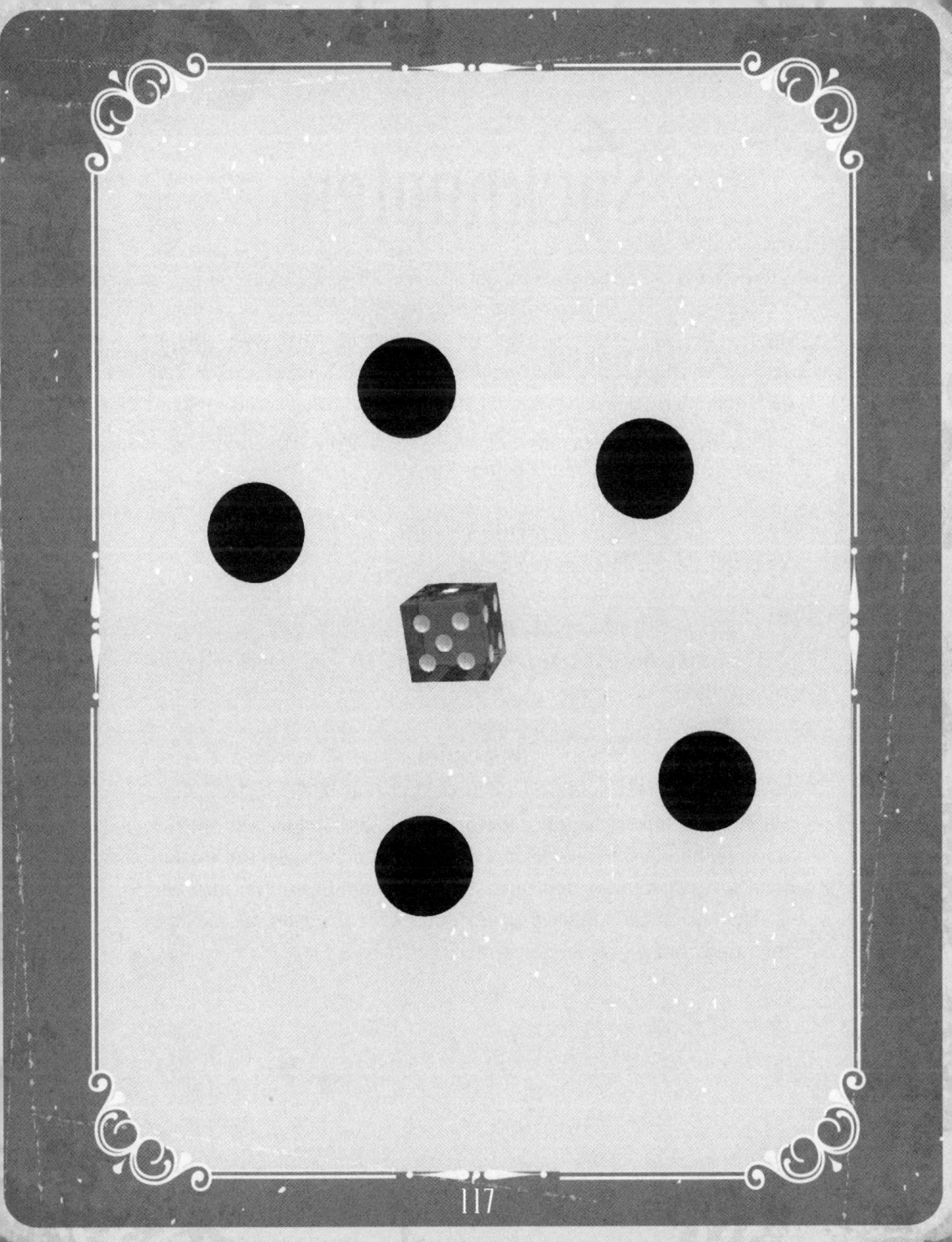

Sackhüpfen

Ein Spiel für mindestens 2 Spieler

Dieses alte Spiel kann sowohl von „Groß" als auch von „Klein"
gespielt werden. Es ist anzunehmen, dass die Menschen zur Zeit
der Germanen und der Wikinger ihre Mannschaften altersentsprechend gebildet haben. Also Erwachsene gegen Erwachsene und
Kinder (altersentsprechend) gegen Kinder.

Ziel des Spiels

Als erster die Ziellinie zu erreichen.

Man benötigt

Säcke entsprechend der Anzahl der Mitspieler, 1 entsprechend großes Spielfeld.

Das Spiel

Auf dem Spielfeld sollte eine Start- und eine Ziellinie festgelegt
werden. Die Spieler treten gegenseitig an und stellen sich an der
Startlinie auf. Jeder Mitspieler steigt in seinen Sack, der am oberen
Rand festgehalten werden muss. Auf Kommando hüpfen nun alle
von dem Startpunkt aus bis zur Ziellinie. Wer als Erster die Ziellinie
überhüpft, hat das Spiel gewonnen.

Paar oder Unpaar

Ein kurzweiliges Spiel für 2 Personen

Viele von uns kennen es schon, dieses beliebte Fingerspiel. Aber wussten Sie auch, dass es ziemlich alt ist? Bereits die alten Germanen spielten es und sicherlich hat so mancher ein „nettes" Sümmchen dabei verwettet.

Das Spiel

Die beiden Spieler sitzen sich gegenüber.

Die Spieler nennen abwechselnd entweder eine gerade oder ungerade Zahl zwischen 1 und 10. Daraufhin zeigen beide gleichzeitig eine Hand mit einer Anzahl ausgestreckter Finger. Wenn man die ausgestreckten Finger zusammenzählt, ergibt die Summe entweder eine gerade oder ungerade Zahl. Derjenige, der dies richtig vorausgesagt hat, hat gewonnen und das nächste Spiel kann beginnen.

Steckenpferd-Rennen

Ein Spiel für mindestens 2 Personen

Steckenpferd-Rennen wurden bereits in der Antike durchgeführt. Steckenpferde waren nicht nur Spielzeug für Kinder, auch erwachsene Männer bestiegen die hölzernen Pferdchen zum eigenen Vergnügen und zur Belustigung der Zuschauer.

Ziel des Spiels

Mit dem Steckenpferd als Erster das Ziel zu erreichen.

Man benötigt

Für jeden Spieler 1 Stielbesen, der das Steckenpferd darstellt.

Das Spiel

Als Erstes wird eine Laufstrecke festgelegt. Die Spieler starten nebeneinander und rennen, die Steckenpferde zwischen den Beinen, zum Ziel. Wer zuerst ankommt, ist der Sieger.

Alternativ kann man auf der Laufstrecke auch einen Parcours einrichten. Das macht das Spiel interessanter und schwieriger.

Nüsse schießen

Ein Spiel für beliebig viele Personen

In früheren Zeiten, als Spielzeug und Computer noch undenkbar waren, zeichneten sich die Menschen durch großen Ideenreichtum aus. Alltagsgegenstände wurden genau wie Nüsse und Steinchen als Spielzeug genutzt. Diese Utensilien waren in der Natur reichlich vorhanden und konnten jederzeit für ein Spielchen verwendet werden.

Ziel des Spiels

Möglichst viele Nüsse zu ergattern.

Man benötigt

Eine ausreichende Anzahl von Walnüssen.

Das Spiel

Vor Spielbeginn werden 5 Häufchen von Walnüssen aufgebaut, wobei immer auf 3 Walnüssen eine 4. liegt. Jeder Spieler erhält 5 Walnüsse und muss von der Abwurflinie (2, 3 oder 4 m von den Häufchen entfernt) versuchen, mit diesen Nüssen die 5 Häufchen auseinander zu treiben. Gewinner ist, wer die meisten Häufchen zerstört hat.

Hopse

Ein Spiel für beliebig viele Personen

Dies ist ein altes Spiel, das möglicherweise zunächst gar kein Kinderspiel war, sondern eine kultische Bedeutung hatte.

Ziel des Spiels

Fehlerfrei über das Spielfeld zu hopsen.

Man benötigt

Spielsteinchen und 1 ausreichend großes Spielfeld, wie auf der Abbildung auf Seite 123 dargestellt.

Das Spiel

Zuerst wird ermittelt, wer beginnen darf.

Der erste Spieler wirft 1 flachen Stein in das Feld 1. Dann hüpft er auf einem Bein auf das Feld 1 und versucht dabei, den Stein mit dem Fuß in das Feld 2 zu schubsen. Vom Feld 2 gelangt er auf die gleiche Weise bis auf das Feld 8. Die Steinchen müssen in den Feldern landen und dürfen nicht auf den Linien liegen.

Das Feld Hölle muss übersprungen werden, hier darf auch kein Steinchen landen. Im Himmel kann man mit beiden Beinen zugleich aufkommen. Hier kann kurz Rast gemacht werden, dann wird wieder zurückgehüpft. Bei einem Fehler kommt der Nächste an die Reihe.

Fehler sind: Wenn mit dem Fuß eine Linie berührt wird, der Stein nicht in dem vorgesehenen Feld landet oder wenn der Spieler die Hölle berührt. Abweichungen von diesen Regeln sind möglich. Kleinere Kinder dürfen mit beiden Beinen hopsen und dürfen die Steinchen mit der Hand in das nächste Feld werfen.

Himmel
Hölle
8
7
6
5
4
3
2
1

Hüpfwettstreit

Ein Spiel für beliebig viele Personen

Bei diesem Spiel geht es um Geschicklichkeit und darum, die Balance zu halten. Eigenschaften, die zu den Zeiten von Germanen und Wikingern unbedingt notwendig waren.

Ziel des Spiels

Fehlerfrei über das Spielfeld zu gelangen.

Man benötigt

Kleine Steinchen und 1 Spielfeld, das wie folgt aussieht:

Da durch diese Felder später gehüpft werden soll, müssen die einzelnen Quadrate so groß sein, das ein Fuß gut hineinpasst.

Das Spiel

Zuerst wird ermittelt, wer beginnen darf.

Die Spieler müssen nacheinander die Leiter durchspringen. Dabei darf man kein Feld auslassen oder auf eine der Linien treten. Am Ende der Leiter wird umgedreht und zurückgehüpft.

Allerdings geschieht dies nicht einfach durch hopsen, sondern dieses Spiel beinhaltet verschiedene Schwierigkeitsgrade:
Die Spieler müssen beim Hüpfen jeweils 1 Stein auf dem Handrücken balancieren, der während der „Hopser" selbstverständlich nicht herunterfallen darf. Geschieht dies doch oder macht der Spieler einen anderen Fehler, ist der Nächste an der Reihe. Ein Spieler, der einen Fehler gemacht hat, muss in der nächsten Runde an der Stelle wieder anfangen, an der ihm der Fehler unterlaufen ist.

Die nächste Runde wird noch schwieriger. Der Stein wird auf den erhobenen Fuß gelegt und die Felder müssen mit nur einem Bein durchsprungen werden.

Und auch die nächste Runde erhält einen neuen Schwierigkeitsgrad. Diesmal wird der Stein auf der Schulter platziert. Gewinner ist, wer als Erster alle Felder mit den entsprechenden Schwierigkeitsgraden durchsprungen hat.

Fingerschnellen

Ein Spiel für 2 Personen

Damals kannten die Kinder viele Spiele, denn oft brachten Seefahrer und Kaufleute Spiele aus fremden Ländern mit in die Heimat.

Eine Zeitlang war diese Spiel sogar verboten, weil um Geld gespielt wurde und man dabei viel Geld verlieren konnte.

Ziel des Spiels

Als Erster 5 Punkte zu erreichen.

Das Spiel

Die Spieler sitzen sich gegenüber. Dieses Spiel sollte so schnell wie möglich durchgeführt werden.

Die rechte Hand ist zur Faust geballt, schwingen Sie diese mit dem Kommando „eins, zwei" vor ihrem Körper hin und her.

Auf das Kommando „drei" öffnen die Spieler die Faust, jeder Spieler zeigt eine beliebige Fingeranzahl und ruft gleichzeitig eine Zahl, die angeben soll, wie viele Finger er und sein Mitspieler zusammen zeigen.

Wer richtig geraten hat, bekommt 1 Punkt. Wer als Erster 5 Punkte gewonnen hat, ist der Sieger.

Vom Faden essen

Gespielt wird mit 2 oder mehreren Personen.

Am Rhein und in Süddeutschland war der germanische Garten bereits mit hochwertigen Obstsorten wie Äpfeln, Birnen, Kirschen, Pflaumen, Pfirsichen, Aprikosen sowie Mandeln, Walnüssen und Weinreben bereichert.

Dieses Spiel wurde früher ohne Bindfaden gespielt. Die Früchte wurden direkt vom Baum gegessen.

Ziel des Spiels

Möglichst viele Leckereien zu erwischen.

Man benötigt

Bindfäden, verschiedene Leckereien, z. B. Äpfel, Kirschen etc. Auf dem Spielfeld sollte sich ein Baum befinden. Die Leckereien (auch Süßigkeiten sind erlaubt) werden an den Bindfäden befestigt und an einem Ast aufgehängt. Die Länge der Bindfäden richtet sich nach der Körpergröße der Mitspieler.

Das Spiel

Die Mitspieler müssen die Hände auf den Rücken legen. Sie müssen versuchen, die an den Schnüren herabhängenden Leckereien nur mit dem Mund wegzuschnappen, ohne die Hände zu Hilfe zu nehmen. Gewonnen hat, wer die meisten Leckereien abreißen kann.

Ebenfalls im Regionalia Verlag erschienen:

ISBN 978-3-939722-40-3

ISBN 978-3-939722-80-9

ISBN 978-3-939722-38-0

ISBN 978-3-939722-32-8

Jeweils 128 Seiten • 16,5 × 19,8 cm • Hardcover